W0231008

Gebrauchsanweisung
für die Pfalz

Christian Habekost

Gebrauchsanweisung für die Pfalz

PIPER

Mehr über unsere Autoren und Bücher:
www.piper.de

ISBN 978-3-492-27698-6
4. Auflage 2020
© Piper Verlag GmbH, München 2018
Karte: cartomedia, Karlsruhe
Satz: Fotosatz Amann, Memmingen
Druck und Bindung: CPI books GmbH, Leck
Printed in the EU

Für Britta aus Elwenfels:
Donkschää fer alles!

Inhalt

Vorwort

Kumm, geh fort! Was wäre die Welt ohne die Pfalz?

Willkommen in der Pfalz. Der einzigen deutschen Region, die am Mittelmeer liegt – also zumindest ziemlich nah dran und kurz davor. Dem Land, wo Pinien und Zypressen am Wegesrand stehen, wo Feigenbäume wachsen und Mandeln blühen. Wo Wein aus Blumenvasen getrunken wird, die die Eingeborenen »Schoppen« nennen und ein bescheidenes Fassungsvermögen von 0,5 Litern aufweisen.

Die sogenannte »Toskana Deutschlands« ist Teil des Bundeslandes Rheinland-Pfalz. Ein kleines, feines Gebiet, auf dessen rund 54 000 Quadratkilometern sich etwa 1,4 Millionen Einwohner verteilen, von denen nicht wenige einen Dialekt sprechen, der so manches empfindliche hochdeutsche Ohr zum Welken bringen kann.

Die Pfalz ist schon seit Jahrhunderten begehrtes Gebiet, Einwanderungsland und Auswanderungsland. Sie wurde besetzt, beherrscht, besiegt, geteilt, verwüstet, wieder aufgebaut, bombardiert und immer wieder besucht, belächelt, bewundert. Gekommen sind durch die Jahrhunderte viele: Stämme, Nationalitäten, Rassen, Eroberer, Besatzer, selbsternannte Beschützer, *Roigeritschde* (Zugezogene),

Hängebebliuwene (Hängengebliebene), Flüchtlinge, Menschen aller Himmelsrichtungen, Schweden, Franzosen, Polen, Türken, Bayern, ja, sogar Saarländer, die sich bis in die Vorderpfalz wagen, und Schwaben und Badener, die wochenends in Heerscharen über die Rheinbrücken strömen, um sich dem südländischen Charme zu ergeben, dem man so innerhalb Deutschlands wohl nirgendwo sonst begegnet.

Die Pfälzer lieben diese Aufmerksamkeit, die ihnen und ihrem schönen Strich von Land entgegengebracht wird, die zahlreichen Touristen und Besucher, die sich an der schönen Landschaft, an guter Küche und bestem Wein und der Freigiebigkeit der pfälzischen Winzer laben (*»Hopp! Trinke mer noch äner!«*). Gleichzeitig sind sie aber auch genervt von Blechkarawanen und Wildparkern, von arroganten Stadtbewohnern, die die Pfalz zwar pittoresk und irgendwie exotisch finden, aber mit leicht gerümpfter Nase gerne auch als provinziell abtun.

Und was sagt der Eingeborene dazu? *»Kumm! Geh fort!«*

Dieser dialektale Lieblingsspruch der Pfälzer drückt am besten aus, wie paradox diese Region und ihre Mundart samt Sprechern sein können.

»Kumm! Geh fort!« – keine andere Redewendung drückt das Kommen und Gehen in nur drei Worten so pointiert aus. Sollte man denken. Doch gemeint ist etwas anderes damit, denn eigentlich ist es eher ein Ausruf des Erstaunens, Nicht-Glauben-Wollens. Beispiel:

> *»Der Piper Verlag veröffentlicht jetzt auch eine*
> *Gebrauchsanweisung für die Pfalz.«*
> *»Kumm! Geh fort!«, also: »Kaum zu glauben!«*
> *Oder auf Neudeutsch: »Echt? Nee, oder!?«*

Nicht nur mit diesem Spruch, sondern ganz allgemein muss die Pfalz ihren Besuchern oft genug paradox vorkommen: urdeutsch und mediterran, kosmopolitisch und provinziell, hip und bodenständig, heimatverbunden und weltoffen. Und immer dialektisch im doppelten Sinne: sprachlich und philosophisch.

Die Pfalz liefert einerseits die reale Erfüllung aller Klischees und Stereotypen von Saumagen bis Schoppenseligkeit. Und gleichzeitig aber auch deren Antithese mit Sterneküche, Großen Gewächsen und Rotweinpionieren.

Letztendlich ist es die Synthese dieser Gegensätzlichkeiten, die die Region so spannend macht. Und damit wir hier gleich am Anfang dieses Büchleins einmal zeigen können, dass auch der gemeine Pfälzer durchaus intellektuell daherbabbeln kann, formulieren wir die gewonnenen Erkenntnisse jetzt mal als ... *räusper* ... Dialektik im Sinne Hegels:

These – Antithese – Synthese.

Angewandt auf die Trinkkultur der Pfalz lautet dieser Dreisatz so:

These: Wein. – Antithese: Wasser. – Synthese: Schorle.

Oder ganz allgemein:

These: Provinz. – Antithese: Provence. – Synthese: Pfalz.

Auch die Mentalität der Bewohner wird bestimmt durch Gegensätzlichkeiten. Pfälzer sind hin- und hergerissen zwischen Extremen: hier Selbstmitleid ob der Bedeutungslosigkeit im Konzert der großen, wichtigen Regionen, dem fehlenden Prestige ihrer Mundart. Und dort die feste Überzeugung, im gelobten Land zu leben, im Garten Eden(koben), die *schännschde* Mundart überhaupt zu sprechen und auch sonst einfach die Besten, Tollsten, Supersten zu sein – »*zumindescht, wenn die andere net do sin*«. Es ist ein spielerisches, ritualisiertes Hin- und Hergezerrtsein zwischen Minderwertigkeitskomplex und Hybris.

Wobei die Wahrnehmung ja durchaus der Realität entspricht: Die Pfalz ist nicht wichtig, nicht prestigeträchtig, nicht mächtig wie andere größere Regionen Deutschlands. Der hiesige Dialekt rangiert weit hinten im Ranking deutscher Mundarten. Ja, die Pfalz ist Provinz – im kleinsten, angesichts der globalisierten Gleichmacherei aber auch im besten Sinne.

Kaum hat man das anerkannt und ein bisschen gejammert (pfälzisch-lautmalerisch: *gepienst*), macht sich schon wieder der pfälzische Hang zum Superlativ bemerkbar mit einer Frage, die doch mal gestellt werden muss: Was wäre Deutschland, was wäre die Welt ohne die Pfalz?

Wahrscheinlich gäbe es keine Bluejeans (der in Ludwigshafen beheimatete Chemiekonzern BASF erfand damals die Formel für den blauen Farbstoff), was man eventuell ja noch verschmerzen könnte.

Aber auch das Fußballwunder von 1954 hätte es wohl nicht gegeben (im 22 Spieler umfassenden Kader standen außer dem legendären Fritz Walter noch fünf weitere Pfälzer, und Bundestrainer Sepp Herberger war Kurpfälzer aus Mannheim).

Und wahrscheinlich hätte es Ende der Achtzigerjahre auch so schnell keine deutsche Wiedervereinigung gegeben ohne den Einsatz von im pfälzischen Deidesheim zubereiteten, gefüllten tierischen Verdauungsorganen und die freigiebige Geste eines gewissen Pfälzers namens Helmut Kohl, der in einer kalten kaukasischen Nacht einen Strickjackenpakt mit einem Herrn Gorbatschow schloss ... und schon fiel die Mauer um!

Und – hier schließt sich der Kreis – was am wichtigsten ist: Ohne die Pfalz wäre Deutschland ein Land ohne Zugang zum Mittelmeerraum. Denn die Pfalz, lateinisch: Palatina, dieser kleine Strich von Land kurz vor Frankreich und der Côte d'Azur, dieses Mandelbaum-bestandene und Stechpalmen-bewedelte und Feigenbaum-kuschelnde, Wald-rauschende Reich der Genüsse, der Schwartenmägen und Blutwürste, Schoppengewitter und Lebenslüste ist *der* deutsche Landstrich, der dem Mittelmeer am nächsten ist. Und das betrifft nicht nur die Botanik, das milde Klima und die Weinkultur. Auch die Menschen legen hier oft eine erstaunlich undeutsche, geradezu südländische Gelassenheit an den Tag.

Einer alten Sage nach stammen die Pfälzer ursprünglich gar nicht aus Deutschland, sondern von einer Insel in der Karibik namens *Palatinidad*. Dort hatten sie alles, was ihr Herzs, begehrte: Sonne, Meer, Weib und Gesang. Nur eines fehlte zu ihrem vollkommenen Glück: Der Wein wollte in diesen tropischen Breiten einfach nicht wachsen. Also beschlossen sie nach Jahrzehnten der tropischen Missernte schweren Herzens, auszuwandern nach Europa. Weil dort aber die guten Weinlagen rund ums Mittelmeer schon von den Franzosen, Italienern und Spaniern besetzt waren, kamen sie hierher in das Gebiet der heutigen Pfalz, ließen sich nieder, nannten einen Badeweiher südlich von Ludwigshafen »Blaue Adria« und behaupteten fortan, die einzige Mittelmeerregion Deutschlands zu bewohnen.

Das ist das mediterrane Vermächtnis, das auch heute noch fortwirkt …

Bevor wir aber mit dem Vorgebabbel zum Ende kommen, soll es hier noch eine Anmerkung geben für Besserwisser und/oder an Geografie und Geschichte nicht ganz uninteressierte Leserinnen und Leser: In diesem Buch werden wir nicht auf die Städte Koblenz, Mainz und Trier eingehen, die zwar zum Bundesland Rheinland-Pfalz gehören, nicht aber zur darin ebenso enthaltenen Region Pfalz.

Andererseits soll in einem eigenen Kapitel (»Grenzerfahrungen«) auf ein Gebiet eingegangen werden, das in einem anderen Bundesland liegt. Rechts des Rheins liegt die Kurpfalz mit den Städten Mannheim und Heidelberg, die zwar zu Baden-Württemberg gehört, historisch aber mit der linksrheinischen Pfalz verbunden ist. Und linguistisch sowieso. Denn auf beiden Seiten des Rheins spricht man Pfälzisch. Ein Dialekt, der in manchen Ohren klingt wie eine gesungene Fremdsprache und der uns auf den folgenden Seiten zwangsläufig und liebevoll gewollt immer wieder begegnen wird. In diesem Sinne: Willkommen in der Pfalz. *Kumm, geh fort!*

Schöne Klischees

Die Toskana Deutschlands

An so manchem Sonntag, wenn die Pfalz »brummt«, die Weinstraße hoffnungslos verstopft ist und die Auto- und Fahrradkarawane von einem Fest zur nächsten Weinprobierstube rumpelt, vorbei an Palmen(kübeln), Feigenbäumen, Zitronensorbetbechern und rotnasigen Eingeborenen, die im Schatten ihres Sandsteinhauses sitzen und mit ihren überschwappenden Schoppengläsern winken, könnte einem die Idee kommen, dass die Pfalz keine »normale« Region in Deutschland ist wie Franken, Vorpommern oder Ostwestfalen. Sie ist nicht besser oder schlechter, nicht mehr oder weniger. Sie ist anders. *Annerscht*, würde man auf Pfälzisch sagen. Und oft dermaßen *annerscht*, dass die dialektale Steigerungsform herhalten muss: *Die Pfalz is annerschter!*

Freizeitpark Pfalz

Eigentlich ist die Pfalz der größte Freizeitpark der Welt. Alles, was an ein »normales« Leben erinnert, ist in Wirklichkeit nur eine der vielen Inszenierungen innerhalb des »Holidayparks Palatina«: Menschen, die in großen Fabriken malochen und morgens und abends brav im Stau stehen; Hundertschaften, die in der brennenden Sonne Feldfrüchte einsammeln und in gestreiften Winzerkutten Trauben vom Rebstock pflücken. In Wirklichkeit sind all diese Leute nur Schausteller, um nach außen hin das Gesicht zu wahren – und die ohnehin schon ewig auf gutes Wetter und beste Rebensafterzeugnisse neidischen Nichtpfälzer davon zu überzeugen, dass hier alles in guter deutscher Ordnung ist, dass hier gearbeitet und die Doppelhaushälfte abbezahlt wird wie anderswo in Deutschland auch.

Und doch ist es ganz anders.

Im Prinzip haben alle hier nämlich nur einen und denselben Job: Bewohner des größten deutschen Freizeitparks. Bezahlt werden sie vom pfälzischen Fremdenverkehrsamt, und zwar in Naturalien. Deswegen sieht man überall diese großen Schoppengläser mit den freundlich grinsenden Eingeborenen dahinter.

Selbst dann, wenn der Pfälzer bei Nahrungsaufnahme und Alkoholzufuhr über die Stränge zu schlagen droht, ist er dabei doch in erster Linie hart arbeitender Parkbewohner und tut genau das, was von ihm erwartet wird: die Vorzüge des heimatlichen Freizeitparks in vollen Zügen genießen und dies jederzeit laut und in unverständlichem Kauderwelsch jedem Auswärtigen ungefragt zu (v)erklären.

Daher rühren auch all die Klischees, die man über die Pfälzer so hören und pflegen mag. Sie existieren deswegen, weil die hiesige Belegschaft gewissenhaft die Erwartungen der Freizeitpark-Besucher erfüllt, also mit anderen Worten einen guten Job macht.

Nachdem das geklärt ist, können wir uns nun viel entspannter mit den Stereotypen auseinandersetzen, die den Pfälzern und ihrem Heimatland so angedichtet werden und oft genug nichts anderes als wahr sind.

Der Begriff Pfalz

Was fällt einem ein, wenn man »Pfalz« hört?

Bevor wir jetzt anfangen, vom gefüllten schweinischen Verdauungsorgan und damit vom kulinarischen Synonym für die Pfalz zu sprechen, wollen wir kurz klären, wo denn der Begriff historisch überhaupt herkommt.

Wenn die Pfalz immer wieder mal mit dem Vorurteil der Provinzialität zu kämpfen hat, die Herkunft des Wortes ist mitnichten provinziell. Pfalz, englisch *Palatine*, ist vom lateinischen *palatium* (Palast) hergeleitet, in Anlehnung an den Palatin, einen der sieben Hügel Roms, auf dem einst Kaiser Augustus residierte. Hier mag der geneigte Leser das erste Mal einen historischen Beleg entdecken für die Verbindung von Pfalz und mediterranen Welten.

Als Königspfalz bezeichnete man im Früh- und Hochmittelalter die über das ganze Land verteilten Stützpunkte der Regierungsverwaltung. Das Reich war einfach zu groß, um es von einer Hauptstadt aus zu beherrschen. Also blieb dem König zu diesen Zeiten nichts anderes übrig, als mobil zu sein, um seinen Untertanen und Beamten ab und zu mal zu zeigen, wo *de Barddel de Moscht holt*, also wer der Chef ist.

Noch heute gibt es auch in anderen deutschen Regionen Plätze, Orte und Namen, die den Begriff Pfalz tragen. Die Kaiserpfalz in Goslar beispielsweise, ein großes Areal im Süden der Stadt, auf dem allerlei kaiserliche Bauten stehen. Oder die Oberpfalz, ein bayerischer Regierungsbezirk, der wirklich dereinst von der pfälzischen Linie der Wittelsbacher von Heidelberg aus regiert wurde, um dann 1620 letztendlich von den Bayern besetzt zu werden – womit nun auch das erste Mal die Verbandelung der Pfalz mit Bayern erwähnt sei. Die historischen Verwicklungen dieser beiden deutschen Stämme wird uns noch ein paarmal beschäftigen. Dabei wird es unter anderem, aber nicht nur, darum gehen, dass beide Volksgruppen ein zu Extremen neigender Durst verbindet, was zur Folge hat, dass sie ihr jeweils bevorzugtes alkoholisches Getränk gerne aus größeren Trinkgefäßen zu sich nehmen, als andere Menschen dies tun würden.

Dialekt

Was fällt einem also ein beim klangvollen Klingeln des Namens Pfalz?

Der Dialekt!?

Ja, sicher spielt die Art, wie pfälzische Eingeborene ihre *Gosch* mitsamt der darin verbauten Sprechwerkzeuge gebrauchen, eine Rolle im Gesamtbild des Stereotypen *Homo palatinus*. Der hiesige Dialekt kommt vom Klang weder bescheiden noch einfühlsam daher. Er ist das direkte Sprachrohr der pfälzischen Mentalität. Und die ehrliche, unverstellte Art der Pfälzer findet ihre Ent-*sprech*-ung in einer lautmalerischen Mundart, die – ja genau! – laut und malerisch mit ihrer Umwelt kommuniziert. Manche komplett Hochdeutsch-Sozialisierten, die glauben, etwas besser zu können, weil sie einen Dialekt nicht beherrschen, sogenannte Oxford-Deutsche, fühlen sich in solchen Situationen in all ihren Vorurteilen bestätigt: wer solche Töne produziert und selbst beim Flüstern noch schreit, der kann ja gar nicht anders als aus Blumenvasen Wein trinken.

Alles Weitere zu diesem lauten Thema wird in einem eigenen Kapitel weiter unten einfühlsamst abgehandelt.

Das Füllhorn-Erlebnis

Auch viele lokalpatriotische Einwohner hätten es am liebsten, dass die Außensicht auf ihr gelobtes Land nur dominiert würde von mediterranen Bildern, die sich auf das milde Klima, die Existenz südländischer Pflanzen in freier Wildbahn, italienische Landschaftsvergleiche und die nicht nur geografische Nähe zu Frankreich beziehen: Provence, Toskana, Feigen, Mandeln, Spargel, Esskastanien, *savoir-vivre, la dolce vita, liberté, égalité, hab-einer-im-Tee*, undsoweiterundsoschön. Dazu der Wald, die Wanderwege, die Burgen, die Weingärten, wie sie sich an die sanft geschwungenen Hügel schmiegen … Viele Touristen, die die Pfalz besuchen, kommen wohl auch genau deswegen hierher und finden ihre Erwartungen dann weitestgehend erfüllt.

Wenn es dann aber mal den ganzen Mai durchregnet und auch das pfälzische Thermometer an einem Sommertag nicht über 15 Grad Celsius hinauskommt, dann lösen sich auch die schönsten südländischen Klischees im mitteleuropäischen Kontinentalklima auf. Denn letztendlich liegt die Pfalz halt doch in Deutschland.

Und weil Bezeichnungen wie Provence und Toskana nicht geschützt und nicht vom Pfälzer Touristenverband gecopyrighted sind, machen frecherweise auch andere deutsche Regionen wie Südbaden oder Rheinhessen von ihnen Gebrauch.

Was sagt der Pfälzer dazu? *»Jo alla, blas die Backe net so uff!«*

Zugegebenermaßen gibt es auch in anderen süddeutschen Regionen ein gewisses Maß an undeutschem Flair und warmem Klima. Aber nirgendwo kommt es geballter und füllhorniger daher als in der Pfalz.

Wenn man an einem heißen Sommertag vom Rhein kommend in einem Cabriolet auf die Hügelkette der

Haardt zufährt, wie der Beginn des Pfälzerwaldes hier genannt wird, und eintaucht in den Zauber von grünen Weinbergreihen, pittoresken Dörfern mit Fachwerkhäusern und Barockfassaden …

Wenn man vorbeifährt an Zypressen-bestandenen Auffahrten zu Weingütern und Weinstuben und Vinotheken, Weinfesten und Straßencafés und Ambiente-Shops …

Wenn man zwischen zwei Orten der Weinstraße nur noch mit 15 Stundenkilometern vorwärtskommt, weil der »Winzer-Express«, ein von einem Traktor gezogener Planwagen mit Tisch und Bänken und (in doppeltem Wortsinn) *voll* besetzt mit einer Touristengruppe aus Osnabrück, die ein vielstimmiges »Wir sind die Tramps aus der Pfalz, uns steht das Wasser immer bis zum Hals!« in die Landschaft hinausgrölt …

Wenn man in einer Weinstube keinen freien Tisch mehr findet und plötzlich neben lauter Eingeborenen Platz nehmen muss (»*Kumm do, hock dich her!*«), die einen dann nicht nur mit ihren gefüllten Schoppengläsern, sondern auch mit ihrem Kauderwelsch ganz besoffen machen …

… dann ist man mittendrin: im Wunderland Pfalz, das so laut, direkt, feuchtfröhlich und lebenslustig, südländisch, mediterran undeutsch ist, wie eine Region innerhalb Deutschlands nur sein kann, ohne ihr Bleiberecht zu verlieren.

Hier sind die Teller (meistens) noch voller als anderswo, der Wein flüssiger, die Winzer freigiebiger und die Eingeborenen zwar laut und heftig, aber gutmütig und meistens auch gastfreundlicher als anderswo. Hier kann man locker oszillieren zwischen Provinz und *Haute Cuisine*, tiefem Wald und mediterranem Flair, zwischen Acker und Großem Gewächs, zwischen authentischer Gemütlichkeit und jugendlicher Lockerheit, zwischen traditioneller Weinstubenromantik und hippem Vinotheken-Design.

Weinfeste

Trotz aller Vielfalt, die auch die Tourismusbehörden allerorts gern betonen, trotz Landschaft und Flair und undeutschem Klima – für die meisten Besucher wird das Erlebnis Pfalz hauptsächlich geprägt durch reichliche Nahrungsaufnahme und exzessivem Ausgleich des Flüssigkeitshaushalts. Wenn beides ritualisiert und privatsphärelos mit vielen anderen Mitmenschen geschieht, wird es im Allgemeinen Weinfest geannnt.

Wenn der Besucher es endlich geschafft hat, Samstagabend einen Platz auf einem berühmten Weinfest zu ergattern, mit einer weingefüllten Halbliter-Blumenvase vor sich, hat er oft schon eine kleine Odysee hinter sich, auf die ihn kein Fremdenführer und kein Reiseratgeber hingewiesen hatte: Erst fährt man stundenlang im Kreis um den Ort, auf der Suche nach einem Parkplatz und wird von einheimischen Autos mit einem sicherlich gastfreundlich gemeinten Hupkonzert bedacht, weil man mitten im Kreisel stehen bleibt, um zu schauen, welches der vier Umleitungsschilder hier wohin führt. Dann findet man endlich einen Stellplatz mitten im Ort und wird beim Aussteigen von einem rotgesichtigen Eingeborenen mit zu Berge stehendem Resthaarkranz in einem fremdartigen, nur aus Vokalen und feuchten Zischlauten bestehenden Kauderwelsch angeschrien, aus dem man irgendwann mit viel gutem Willen die deutschen Worte »Hofeinfahrt«, »zuparken« und »schaff dich fort« mitsamt der eindeutigen Dialektik von *»Sonscht steck isch dir de Kopp zwische die Ohre!«* herauszuhören vermeint.

Also wieder hinaus aus dem Dorf, dem Strom folgend, wo man letztendlich in der idyllisch mit Löwenzahn bewachsenen Matschfurche eines Weinbergs eine Parkstelle ergattert – im Nachbarort, von dem man die nur rund fünf

Kilometer Wegstrecke bis zum Fest in lauter Eintracht mit Touristenkollegen und einheimischen Festerprobten zu Fuß zurücklegt.

Es ist ein Erlebnis besonderer Art, den Pfälzern bei der Ausübung ihres Lieblingsrituals – dem (Sich-selbst-) Feiern – beiwohnen zu können, verbunden mit exotischer Nahrungsaufnahme.

Die orale Einnahme von Wein aus Blumenvasen – das hatten wir schon und gehört sicher zu den leichteren Übungen. Was aber viele Auswärtige empfinden, wenn sie an das pfälzische Nationalgericht, den Saumagen, denken, hat etwas von derselben bizarren Faszination, mit der auch Menschen aus fremden Ländern beäugt werden, die Insekten grillen und Spinnen essen (mehr dazu in den Kapiteln »Essen« und »Wein«).

Die Rheinpfalz

Nicht unerwähnt bleiben darf in diesem Zusammenhang die dominierende Zeitung der Region: *Die Rheinpfalz*. Sie ist zweifellos die beste Tageszeitung der Pfalz – schon allein deswegen weil es keine andere (mehr) gibt. Gegründet 1945, etablierte sich der Rheinpfalz Verlag mit Sitz in Ludwigshafen als das führende mediale Sprachrohr der gesamten Region. Auch heute noch, in Zeiten der allgemeinen Druckmedienkrise, hat die Zeitung eine Auflage von 230 000 Exemplaren, der Anteil an Abonnements beträgt weit über 80 Prozent. Die Rheinpfalz ist, ähnlich wie der Fußballclub 1. FC Kaiserslautern, eine Institution, die die zerstückelte Landschaft der Vorder-, Süd-, Nord- und Westpfalz zusammenhält. Zwei Haupt- und zehn Regionalausgaben decken das gesamte Gebiet ab. Es gibt 19 Lokalredaktionen, die zum Teil noch die Namen der früheren Zeitungen tragen (*Pirmasenser Zeitung, Speyerer Rundschau,*

Pfälzer Tagblatt etc.), die nach und nach von der großen *Rheinpfalz* geschluckt wurden.

Wie die Pfalz im Allgemeinen, wird deren Zeitung auch gerne als provinziell abgetan. Was die wenigsten dabei allerdings auf dem Schirm haben, ist die Tatsache, dass die *Rheinpfalz* Teil ist der Medien Union GmbH, eines der größten Medienkonzerne Deutschlands mit einem ungefähren Jahresumsatz von 1,5 Milliarden Euro, zu dem Radiostationen ebenso gehören wie die *Süddeutsche Zeitung*, die *Stuttgarter Zeitung* oder die Westermann Druck- und Verlagsgruppe. Eigentümer ist Dieter Schaub mit Familie, der vom *Manager Magazin* als »Der mysteriöse Medienmogul« geadelt wurde. Weitere Anteile liegen nach wie vor bei den Nachfahren der weiteren vier Gründerfamilien der *Rheinpfalz*.

Zu behaupten, *die Rheinpfalz* nütze ihre Monopolstellung aus, um in der Pfalz nach Gutdünken Meinung zu machen, wäre sicher zu plakativ. Dafür ist auch die journalistische Qualität zu unterschiedlich und reicht von mutiger Recherche über die Machenschaften der Rheinland-Pfälzischen Landesregierung in Sachen Verkaufsmauscheleien von Nürburgring und Flughafen Hahn bis hin zu dilettierenden Schreibübungen von Praktikanten bei Vereinsjubiläen und Kerweeröffnungen. So wie überall halt.

Aber vielleicht ist es hier in der Pfalz ein bisschen lustiger. Man muss bloß in die allwöchentliche Leserbriefspalte der *Rheinpfalz* schauen oder in die unterhaltsame Rubrik »Nils erklärt«, in der ein Biber, die Figur aus einem Kinder-Cartoon, den Erwachsenen die Welt erklärt: »Was ist Mobilität?« oder »Was ist eine Brandschutz-Ordnung?«

Am schönsten ist aber die Rubrik »Heit schunn gelacht?«, die alte Witze aus unterirdischen Niveauregionen mit Mundart-Verkleidung ans Tageslicht holt. Das ist Humor mit Zeitreise, so unfassbar unlustig, dass man einfach laut rauslachen muss und seiner täglichen Zeitungslektüre dankbar ist, dass sie die schlimmen Nachrichten mit einer Dosis antiker guter Laune wieder ausbalanciert. Kostprobe:

> *Er: »Was, Budderbrot als Middagesse?«*
> *Sie: »Jo, wie die Schnitzel Feuer gfange hen,*
> *hab isch se mit de Supp lösche misse.«*

Und nicht über den Witz an sich, sondern nur, weil er weiß, dass gewisse Leute glauben möchten, das wäre seine Art von Humor, lacht der Pfälzer!

Böse Klischees

Die Provinz Deutschlands

Nicht alle Klischees, die über die Pfalz im Umlauf sind, fußen auf eigentlich positiven Hintergedanken. Neben der »Toskana-Wein-Burgen-Wald-Feier-Romantik« gibt es noch eine andere Sorte Vorurteile, die weniger liebenswürdig daherkommen.

Manche glauben, in der Pfalz die Symbol-Region für deutsche Piefigkeit, Provinzdenken und Hinterwäldlertum gefunden zu haben. Dabei helfen dann solche »Asozialisationsketten« wie »Saumagen, Dialekt, Kohl, Massenwein, Leberwurst …« und schon hat sich das lockere, mediterrane Flair in schwerfälligen Metzelsuppen-Dampfschwaden aufgelöst. (In eine Metzelsuppe wird fast alles hineinverwurstet, was beim Schlachten – *Metzeln* – übrig bleibt. Eine ähnliche Vorgehensweise wird auch bei manchen negativen Pfalz-Kommentaren angewandt.)

Manchmal wird der pfälzische Dialekt mit seinem ihm innewohnenden Witz auch gerne mit Fastnacht und dem ganz ganz bösen »Mainz bleibt Mainz« in Verbindung gebracht. Auch wenn die rheinhessische Metropole mit der Region Pfalz eigentlich nichts zu tun hat, außer, dass sie als Hauptstadt des Bundeslandes Rheinland-Pfalz fungiert –

für manchen missgelaunten Schreiberling, der selbst keine guten Pointen auf Lager hat, passen Fastnachtswitze und Humba Täterä einfach perfekt zu den sonstigen volksdümmlichen Klischees, die er hier zwischen Ludwigshafen und Kaiserslautern wittern möchte und reflexartig äußert. Für den beobachtenden Satiriker ist es eine Lust, diese zu entlarven. Für den Lokalpatrioten hingegen ist die Auseinandersetzung mit der überregionalen Pfalz-Berichterstattung meistens mit nur schwer unterdrückbaren Wutanfällen verbunden, die oft in der pfälzisch-rhetorischen Analyse enden: *»Ei, die sin all so bleed, do könntsch naus wo ke Loch is.«*

Pfalz-*Bashing*

Wenn man sich so ein bisschen durch die Veröffentlichungen über die Pfalz kämpft, merkt man schnell, dass es neben der durchaus positiven Reise- und Touristikliteratur eine ganz eigene Gattung gibt, die man am treffendsten neudeutsch beschreibt: *Bashing*. Dieses schöne englische Wort umschreibt lautmalerisch das »Runtermachen« einer Person oder Sache. Manchmal ist das als politische Berichterstattung getarnt, manchmal direkt als scheinbar cool dahin geschriebener Meinungsmacherartikel formuliert, und dann auch immer wieder gerne von anderen Medien und dem Internet aufgegriffen, kopiert und vervielfältigt. Irgendwie finden es immer ein paar Leute lustig, mal so richtig draufzuhauen und die ganze Region niederzumachen.

Selbst eine mehr oder weniger berühmte Doktorarbeit enthält solche verallgemeinernden Stereotypisierungen: »Die Pfalz beheimatet – soweit sich solche allgemeinen Feststellungen treffen lassen – einen fröhlichen und weltoffenen Menschenschlag, der viel Sinn für gesellschaftliches

Zusammenleben und die Freuden der Zeit hat und dem dogmatischen Denken abgeneigt ist. Neben einem ausgeprägten Sinn für Toleranz besteht jedoch häufig ein allzu starkes und unangenehmes Selbstgefühl.«

Dieses Zitat stammt aus der vor über sechzig Jahren erschienenen Dissertation von Helmut Kohl, der ja allerorten als der pfälzischste aller Pfälzer gilt, quasi die Ein-Mann-Verkörperung einer ganzen Region mitsamt der Saumagen-Saufgelage-Sprachfehler-Klischees, die vielleicht sogar nur durch ihn überhaupt so übermächtig und langlebig geworden sind.

Dass so eine Aussage ausgerechnet von ihm kommt, dass die Pfälzer »ein allzu starkes und unangenehmes Selbstgefühl« hätten! War das prophetisch gemeint, eine Vision für seine eigene Karriere? Oder zeigte er sich dabei einfach nur als typischer Pfälzer, der wie die meisten seiner Landsleute schwankt zwischen Hybris und Minderwertigkeitskomplex und deswegen mit vorauseilendem Gehorsam auch mal was Kritisches niederschreibt über sich und seinesgleichen. Wohl ahnend, dass da noch ganz andere Kaliber an Pfalzkritik über ihn und seine Landsleute hereinprasseln würden.

Es entbehrt nicht einer gewissen Ironie der »Ge-chichte«, dass dieser Satz von Helmut Kohl quasi das Samenkorn legt für all die verallgemeinernden Pfalzkommentare, die danach kommen. Ein paar Jahre später war er dann selbst Zielobjekt und Symbolfigur für all das Pfalz-*Bashing* der überregionalen Medien, das seit Ende der Siebzigerjahre die Region immer mal wieder heimsucht.

Einigen Schreiberlingen, Kommentatoren oder sonstigen Sprachrohrbenutzern macht es offensichtlich großen Spaß, sich an dieser kleinen Region im Südwesten Deutschlands abzuarbeiten und naserümpfend über die Provinzialität, die Trinkkultur und die Wursterzeugnisse dieses Landstrichs mitsamt seiner sprachlich einfältigen und unverständlich radebrechenden Bewohner herzuziehen. Solche Artikel kommen dann meist in einem herablassenden Ton daher und schaffen es sogar, auch einer Selbstverständlichkeit noch etwas Negatives anzudichten: »Nein, unberührte Natur ist das hier nicht. Reben, so weit das Auge reicht, ihre schier endlosen Kolonnen verleihen der Landschaft einen eigenwilligen optischen Takt. Pfähle und Weinstöcke, militärisch in Reih' und Glied, verbunden durch aufgespannte Stützdrähte.« (*Spiegel Online,* 13.5.2010)

Wie sollen Weinberge sonst aussehen? Wahrscheinlich war der Autor gefrustet, dass ihn die Redaktion nicht nach Lanzarote geschickt hat, wo die Trauben in schwarzen Lavamulden geduckt und exotisch vor sich hin ranken.

Das nächste Beispiel ist aus einem Artikel, der am 20. Januar 2016 in der *Frankfurter Allgemeinen Zeitung* über die pfälzischen Wurzeln von Donald Trump (auf die wir später noch genauer eingehen wollen-müssen) erschienen ist: »Kallstadt ist vieles, aber aufregend ist es nicht. Die Bewohner des Dorfidylls an der Deutschen Weinstraße sind bescheiden, hier ist man glücklich, wenn man einen Saumagen auf dem Teller hat und, im Glas und ringsum an den Hängen des Rheinlands, seinen Wein.«

Woher kommt derartiges Halluzinieren? Ist es die Arroganz der Metropole? Oder der programmierte (herab)lässige Sound des modernen Journalismus? À la: So ist er halt, der einfache Wilde mit seinen primären Bedürfnissen. Es ist ja so einfach, die Eingeborenen glücklich zu machen. Wahrscheinlich gab es bei der Recherche in der pfälzischen Provinz nicht mal Internet, denn sonst hätte der Schreiber leicht herausfinden können, dass pfälzischer Wein nicht an den Hängen des Rheinlandes wachsen kann – so wenig wie ein Bordeaux im Burgund wächst. Zwei verschiedene Anbaugebiete! Da liegen einfach ein paar Kilometer dazwischen. Peinlich. Oder einfach nur nachlässig? Oder steckt da mehr dahinter?

Vielleicht der Neid der hippen Großstädter, hier etwas vorzufinden, das es so in der digitalisierten deutschen Wirklichkeit mit uniformen Fußgängerzonen und sinnsuchenden Superfood-Hipstern doch eigentlich nicht mehr geben darf. Und wenn doch – dann muss es ein *Fake* sein oder primitiv oder einfach nur »bäh«. Und schon ergießt sich der Shitstorm eines einzelnen Journalisten auf eine ganze Region – oder wie in diesem Fall einen kleinen Ort, der halt einfach nur das Pech hatte, dass man den Opa des heutigen US-Präsidenten seinerzeit auswandern ließ.

Wer nicht begreift, dass in dieser Region zwei Extreme immer dicht beieinanderliegen, die sich gegenseitig ergänzen und befruchten, der verkennt die wahre Pfälzer Natur, das Hin und Her zwischen Volkstümlichkeit und Kreativität, Hochgenuss und Bodenständigkeit, Mainstream und sympathischer *»Früher hot's des net gebbe«*-Attitüde.

Warum es immer mal wieder Leute gibt, die dem pfälzischen Wunder der Symbiose aus deutscher Bodenständigkeit und mediterraner Lockerheit begegnen, darüber lieber die Nase rümpfen, als sich dafür wirklich zu interessieren, bleibt eines der Rätsel moderner Pfalz-Rezeption seit den Achtzigerjahren.

Vielleicht liegt es ja daran, dass das Verständnis fehlt für den Dialekt und damit auch für die innewohnende Dialektik dieses Landes. Überall zwischen Bad Bergzabern und Kaiserslautern kann man zu jeder These eine Antithese entdecken: Wald und Wiese, alte Grantler und junge Hipster, Pfälzer Teller und Kastanien-Soufflé an Rieslingsschaumsauce.

Die daraus entstehende Synthese macht dieses Land aus. Darauf muss man aber erst mal kommen. Und wer sich nicht die Mühe macht, hinter die heftigen Laute und die feuchte Aussprache der hiesigen Mundart zu kommen, wer nicht weiter recherchiert als bis zum nächsten Busparkplatz, der bleibt eben bei den Klischees stecken und schreibt dann solche Sachen wie: »Zwischen Bockenheim im Norden und Schweigen an der Grenze zum Elsass grassiert ein Omnibustourismus der üblen Sorte. Klischees und Weinseligkeit sind Trumpf. Orte wie Forst und Rhodt werden täglich im Zeitlupentempo von grauhaarigen Kohorten gestürmt. In den forciert rustikalen Ausschänken fließt reichlich langweiliger ›Woi‹, Weißwein, dazu serviert man die unvermeidlichen Pfälzer Wurstspezialitäten, ›Worscht‹, deren Nitritpökelsalzgehalt beim Genuss oft sämtliche Gesichtsmuskeln zusammenzucken lässt.«

Dieser Artikel, der im Mai 2010 bei *Spiegel Online* erschienen ist, schlug seinerzeit einige Wellen in Pfälzer Landen. Die Eingeborenen hier sind zwar ziemlich entspannt und ziemlich tolerant, zumal sie so einiges *Dummgebabbel* von auswärtigen Besuchern gewöhnt sind. Aber irgendwann ist auch hier mal *Schluss mit luschdisch*. Wie heftig auf diesen Artikel vor allem in den Leserbriefspalten der *Rheinpfalz* reagiert wurde, könnte natürlich auch ein Beleg dafür sein, dass es um das pfälzische Selbstbewusstsein, bei aller zur Schau gestellten Lautstärke und Hybris (»*Ich Pälzer – Du nix!*«). doch nicht gar so gut bestellt ist.

Dass die Veröffentlichung nicht von einem fernen Nordlicht, das es eventuell nicht besser hätte wissen können, sondern von einem in Heidelberg wohnenden Schreiber verfasst wurde, machte die Sache nicht besser. Denn die kurpfälzische Touristen-Metropole ist nicht so weit weg von der Weinstraße, der Journalist hätte also durchaus Gelegenheit gehabt, besser und öfter zu recherchieren. Als Gegenbeispiel für die so unappetitlich beschriebene Pfälzer »Show für die Massen« wurde in dem Artikel einer der führenden pfälzischen Winzer, Markus Schneider, angeführt, der sich nach Erscheinen des Pamphlets postwendend gezwungen sah, ein paar rechtfertigende Richtigstellungen zu äußern. Wer den bärigen Winzer und Lokalpatrioten kennt, weiß, wie weh es ihm getan haben muss, für diese

Art von oberflächlichem Pfalz-*Bashing* missbraucht zu werden – Publicity hin oder her.

Aber so geht's den Eingeborenen zwischen Rhein und saarländischer Grenze immer wieder mal. Und gerade weil sie so gerne auch von oben herab behandelt werden, haben sie eine geradezu hypersensible Empfindlichkeit entwickelt, wenn es darum geht, wie sie und ihr Land in der überregionalen deutschen Öffentlichkeit dargestellt werden.

»Pälzisch im Abgang«

So kam es auch, als das SWR Fernsehen eine eigene Mini-Serie in Pfälzer Mundart ausstrahlte. Das war an sich schon etwas Besonderes, dominiert doch in diesem Sender sonst eher das Schwäbische. »Pälzisch im Abgang«, eine fünfteilige Geschichte, die in Bad Dürkheim spielt, nahm auf spielerische, selbstironische Art die Pfälzer Mentalität auf's Korn. Doch nicht alle Zuschauer wollten das gut finden. Pfälzer sind nicht immer so direkt und unkompliziert, wie sie scheinen. Auf der einen Seite gehen sie keiner Gelegenheit aus dem Weg, sich gegenseitig in ironisch-sarkastischem Rhetorik-Scharmützel zu messen. Aber das geschieht untereinander, mit Stammesgenossen, die dieselbe Sprache sprechen. Es bleibt also quasi in der Familie. Wird andererseits aber eine Pfälzer Nabelschau, ganz gleich wie pointiert und satirisch überhöht sie auch ist, im Fernsehen gesendet, dann bekommt das Ganze plötzlich eine überregionale Dimension. Und auf einmal scheint das Selbstbewusstsein mancher Eingeborener zu wanken, die dann auf eine hausgemachte Comedy-Serie plötzlich ziemlich unsouverän reagieren.

Obwohl Drehbuchautor und Schauspieler fast alle ausnahmslos aus der Region stammten, weigerte sich sogar die Printausgabe der *Rheinpfalz*, die sich sonst so gerne von ihrer lokalpatriotischsten Seite zeigt, die augenzwinkernde Selbstironie der Macher anzuerkennen. Letztendlich zog der SWR in Baden-Baden intern wahrscheinlich das Fazit, »Pälzisch im Abgang« hätte keine Fortsetzung verdient, weil laut Zuschauerquote die Pfälzer selbst ihre »eigene« Serie nicht angenommen hätten.

Aber bevor wir uns hier nun in Selbstmitleid ergehen, gibt es noch ein schönes Pfalzliebhaber-Zitat aus dem *Spiegel* (Ausgabe 28/2017). Anlässlich der Kohl-Beerdigung 2017 begab sich ein Journalist nach Ludwigshafen und fand hier wohl all seine Vorurteile bestätigt: »Verglichen mit dem Zentrum von Ludwigshafen wirkte jeder Pissbahnhof in Vorpommern, jede Autobahntankstelle in Sachsen-Anhalt wie ein blühender Zukunftsort.« Woraus gefolgert wurde, dass »Kohl die Kraft für den Osten aus seiner Heimat gesaugt« habe.

Das eine oder andere an diesen schönen Beschreibungen könnte sogar stimmen. Natürlich ist Ludwigshafen keine besonders schöne Stadt, und ja, die Innenstadt ist leer und flächendeckend mit Ein-Euro-Läden-bestückt, weil sie zu Gunsten einer großen Mall aufgegeben wurde (wie in vielen anderen Städten auch). Aber gerade weil der Einheimische darunter selbst am meisten leidet, möchte er es nicht von *Außergewärtigen* auf's Leberwurstbrot geschmiert bekommen. Da greift dann der kollektive Selbstverteidigungs-Reflex. Dafür hat der Pfälzer dann wieder ganz cool und souverän seinen eigenen Kommentar: »*Net jeder Besserwisser weiß, dass ma rescht habe un trotzdem en Idiot soi kann.*«

Dialekt und Mentalität

Warum und wie Pfälzer annerscht sind

Es gibt die alte Legende aus der Schöpfungsgeschichte, die beschreibt, wie das Pfälzische über die Menschheit kam:

Dereinst erschuf Gott Himmel und Erde mit
all den schönen Dingen, die unser Leben so wunderbar
und lebenswert machen: Hund und Katz und Hamster
und Meer und Schweinchen und Stechmück und
Ohrenzwick und Rosen und Tulpen und Fleurop und
Blumentopf. Und am siebten Tag war Gott fertig.
Fertig mit der Welt. Doch als er am achten Tag hinunter
auf seine Schöpfung blickte, da bemerkte er, dass noch
etwas fehlte. Also erschuf er am achten Tag die Dialekte
und Mundarten. Und er verstreute die verschiedenen
Laute und Wörter und Sprachmelodien allüberall über
das Land. So kam es, dass auf einmal jeder anders
sprach als der andere. Und weil der eine so babbelte
und der andere anders, war auf einmal jeder stolz auf
seine Andersartigkeit.
Der Berliner sagte: »Ick bin so stolz, dat ick platzen
könnte, wa?!«
Der Hanseat sagte: »Spitzensache, tippi-toppi, ne?!«

*Der Bayer sagte: »Hudel-hadel-ho, Sapperlot nochamoi,
Drecksauerei, pfundige!«*

*Der Sachse sagte: »Verbibschd nochmal, mit dieser
geilen Aussprache wird uns jeder gut leiden können.«*

Der Schwabe sagte: »Hoffentlich koscht des koi Geld!«

Alle waren glücklich. – Alle?

Oh nein.

*Einer ging leer aus bei der göttlichen Verteilung der
Regionalsprachen. Und wer war das? – Der Pfälzer. Er
stand nun da und war sehr traurig. Also rief er Got an:
»Oh Herr, was ist mit mir? Bitte, ich möchte auch einen
Dialekt haben. Bitte, bitte! Habt ihr denn keine
Mundart mehr übrig für mich, der ich sowieso immer
unterdrückt und unbedeutend bleiben werde. Hallo?«*

*Aber der Herr hatte keinen Dialekt mehr übrig für den
armen Pfälzer, der darauf hin begann, bitterlich zu
weinen. Als Gott sah, dass der Pfälzer gar nicht mehr
aufhören wollte mit dem Wehklagen, da hatte er ein
Einsehen und rief hinunter:*

*»Jetz piens net rum. Dann babbelscht halt so
wie isch.«*

*So schien sich alles in Wohlgefallen aufzulösen.
Doch als Gott am nächsten Tag wieder hinunter blickte
auf die Erde, da stand der Pfälzer immer noch an
derselben Stelle. Und er blickte immer noch so traurig
drein.*

Da rief Gott ihn an: »Ah was'n noch?«

Und der Pfälzer antwortete: »Isch hab Angscht.«

»Angscht? Ei vor was donn?«

*»Ah, vor allem«, antwortete der Pfälzer. »Isch hab
Angscht, dass de FCK absteigt, dass 'es Weinfescht
ausfallt, dass im Rieslingschorle zu viel Wasser is,
dass die Badenser üwwer die Brück kummen un nimmi
zurück wollen, dass die anner Leut unsern Dialekt
ganz schlimm finnen, Angscht!«*

Also erhob der Herr seine Stimme wie
der Donnersberg und antwortete:
»Des is die schwierigste Prüfung, die isch dir auferleg:
Du babbeltscht die göttliche Sprach, du lebscht im
gelobte Land, du bischt de beschde, de geilschde,
de superschde vun allene … awwer ke Sau merkt's.«

So weit, so gut. Doch trotz dieser göttlichen Belege erweisen immer noch nicht genug Menschen dem pfälzischen Dialekt entsprechenden Respekt. Sei es, weil sie diese alte Legende nicht kennen oder glauben. Sei es, weil sie die Geschichte vielleicht schon einmal in anderer Version gehört haben, bei der eine andere Landsmannschaft den göttlichen Dialekt übernehmen durfte.

Also bleiben wir bei dem, was wir empirisch nachweisen können. Wir wollen ehrlich sein, auch wenn es einem Lokalpatrioten schwerfällt, es öffentlich zuzugeben: Das Pfälzische gehört nicht zu den angesagten deutschen Mundarten. Es siedelt wohl eher am unteren Ende der Beliebtheitsskala. Allenfalls Sächsisch und Saarländisch könnten noch etwas tiefer im Ranking der Regionalsprachen verortet werden. Selbst Schwäbisch hat ein besseres Prestige, und sei es nur deswegen, weil seine Sprecher es mit so ungedämpfter Selbstverständlichkeit und schulterzuckendem Selbstbewusstsein gebrauchen – selbst in einem hochdeutsch dominierten Umfeld.

Bei Pfälzern ist das anders: sobald sie sich von einem oder mehreren Hochdeutsch-Sprechern umzingelt und abgehört sehen, spüren sie einen so starken Anpassungsdruck, dass ihr sprachliches Selbstbewusstsein vom unerklärlichen Zwang übermannt wird, in vorauseilendem Gehorsam Hochdeutsch zu rade(s)prechen. Oder zumindest: *es versuchen tun zu wollen täten, gell?* Meistens ist es nämlich so, dass diese erzwungene, standardsprachliche Variante nur als eine Art gekünsteltes Hochpfälzisch rüberkommt. Und das macht das Ganze erst so peinlich. Wie wir gesehen haben, prägten mehrere (kur)pfälzische Prominente in Sport und Politik unfreiwillig das Bild, das Deutschland von den pfälzischen Eingeborenen hat oder haben möchte: Helmut Kohl, Boris Becker, Mario Basler, Kurt Beck … sie alle stolperten über ihre mangelnde Zweisprachigkeit und wurden paradoxerweise aufgrund der Tatsache, dass sie etwas besser konnten als andere Menschen – nämlich Pfälzer Mundart – von ihren hochdeutschen Gegnern gerne unterschätzt und allzu vorschnell abgetan.

Naturcoolness und Grammatik

Das mangelnde Sprachprestige und das schlechte »Leumaul« sieht man zwischen Speyer und Kusel glücklicherweise äußerst entspannt. Pfälzer sind gelassen. Man muss sie nur *geh' lasse*. Dann sind sie völlig locker. Man könnte auch sagen: cool. Und diese Coolness ist den Pfälzern angewachsen. Pfälzer sind naturcool. Das wird besonders dann klar, wenn sie auf Leute treffen, die ihre Coolness künstlich demonstrieren müssen und mit dicker Sonnenbrille, umgedrehter Kappe und gespreizten Händen nach jedem Halbsatz »Yo, man!« sagen, »yo, man!«. Ein naturcooler Pfälzer, egal ob 18 oder 88, begegnet so einer Erscheinung gelassen mit einer abwinkenden Handbewegung und einem kurzen *»Jo Männel, blos die Backe net so uff!«.*

So können sie sein, die Pfälzer: cool und direkt. Zum Beispiel, wenn ein Tourist in einer pfälzischen Metzgerei fragt: »Haben Sie auch pfälzische Leberwurst?« Und die Fleischhauerin hinter der Theke gibt ihm zur Antwort: *»All'!«*

Diese pfälzische Kurzform vom hochdeutschen »alle«, im Sinne von »leer«, könnte als recht wortkarge Antwort kritisiert werden, gewiss. Aber cool ist sie allemal. So unfassbar, all-umfassend cool, dass sie nur gesteigert werden kann durch die Steigerungsform von »all«, und die lautet: »All-all!«

Doch bevor wir uns weiter mit den wundersamen Un- und Abarten des pfälzischen Dialektes befassen, müssen wir erst einmal mit verschiedenen Vorurteilen aufräumen, die dem geneigten Leser die freie Sicht auf diese Mundart verstellen könnten.

Eines der Vorurteile, die das Pfälzische immer wieder zu hören bekommt, ist, dass es nur ein Relativpronomen gäbe, wo die Eingeborenen benutzen täten würden, wenn sie es könnten. Selbstverständlich ist nichts weiter von der Wahrheit entfernt. Im Pfälzischen gibt es eine Unzahl von verschiedenen Relativpronomen, ganze Listen werden täglich abgearbeitet, ein ganzes Füllhorn von Relativpronomen: *der-wo, die-wo, das-wo, Niveau, AWO ...*, man könnte ewig weitermachen damit.

Auch wird immer wieder geklagt über den Tod des Genetivs. Schon seit Jahren wird er von der deutschen Pädagogik und Linguistik beklagt: Der schleichende Tod des Genetivs! Seien wir ehrlich: In der Pfalz hat der nie gelebt. Pfälzische Eingeborene, die Weinschorle gerne zu Gemeineinschaftseigentum umfunktionieren und wildfremde Leute aus ihren Schoppengläsern trinken lassen (zu Riten und Ritualen auf pfälzischen Weinfesten siehe das Kapitel »Feste«), die brauchen keinen Genetiv. Und wenn sie ausnahmsweise mal doch Formulierungen für Eigentumsverhältnisse benötigen, dann sagen sie grammatikalisch hyperkorrekt: *Dem seiner, ihr seiner, meiner. Fertisch!*

Doch nicht nur exotische Interpretationen deutscher Grammatik spielen eine Rolle bei der getrübten Sicht auf den Pfälzer Dialekt. Hinzu kommt auch die Lautstärke, mit der die Eingeborenen ihre seltsamen Laute in die Welt hinausposaunen. Da möchte so mancher Auswärtige gerne den Lautstärkeregler herunterdrehen.

Wie schrieb Adolph Freiherr von Knigge (bezeichnenderweise ein Hannoveraner!) bereits im 18. Jahrhundert: »Die mehrsten Menschen hier in der Pfalz schreien in einer Mundart, von der man nicht recht weiß, ob man sie für Deutsch oder wofür sonst halten soll.«

Ja, es stimmt wohl: Die Pfälzer haben nicht nur eine sehr feuchte Aussprache, sie sind geradezu wandelnde Feuchtbiotope, was ein bisschen auch mit ihrem Weinkonsum, aber hauptsächlich mit der Phonetik ihres Dialekts zu tun hat. Und wie der niedere Sachse von Knigge korrekt beobachtet hat: Die Pfälzer sind wandelnde Lautsprecher. Böse Zungen behaupten, dass sie selbst, wenn sie flüstern, noch schreien. Wahrscheinlich liegt es daran, dass sie ihre Freizeit gerne auf Fest- und Feierlichkeiten in größeren Menschengruppen verbringen und daher sowieso lauter reden müssen, um sich Gehör zu verschaffen. Kein Wunder also, dass die pfälzische Mundart eine Fülle an Redewendungen bereit hält, die dazu dienen, sich der positiven Rückbestätigung des beschallten Empfängers zu versichern:

> »Gell?« (»Bist Du auch meiner Meinung?«)
> »Odder?« (»Du bist auch meiner Meinung, oder?«)
> »Hä?« (»Wie bitte?«)
> »Verstehschd?« (»Verstehst du?«)
> »Weescht?« (»Weißt du?«)
> »Weescht wie'sch mään?« (»Weißt du, wie ich meine?«)

Im Idealfall ist der Pfälzer direkt, unverblümt, ehrlich, geradeaus. Dazu passt keine Leisetreter-Diplomatie, kein Hintenrum und kein Flüsterton. Es soll keine Umwege geben auf dem Weg zum Ziel: Das Leben bei jeder Gelegenheit und in irgendeiner Form zu genießen.

Doch bei aller Eloquenz ist in bestimmten Situationen auch eine schlichte Wortkargheit durchaus ein pfälzisches Charakteristikum. Gerade da, wo andere große Worte machen, sind Pfälzer knapp und rhetorisch recht sparsam unterwegs, um nicht vom eigentlichen Geschehen abzulenken. Beispiel Begrüßungsformeln: Unter Oxford-Deutschen, die sich nicht sehr gut kennen, ist bei bei einer Begrüßung immer eine kleine Portion Steifheit dabei:

»Guten Tag, wie geht es Ihnen?«
»Mir geht es gut. Und selbst?«
»Danke der Nachfrage, mir geht es auch gut.«
»Freut mich.«
»Mich auch.«

Begegnen sich dagegen zwei Pfälzer, läuft das Ganze direkt und unverblümt:

»Un, laaft's?« (»Und, läuft's?«)
»Jo, laaft. Un du?« (»Ja, läuft. Und bei dir?«)
»Jo muss.« (»Ja, muss.«)

Böse Zungen könnten behaupten, dass dieser Dialog recht einsilbig sei. Was genau genommen ja auch stimmt. Wichtig ist allerdings, was hinter jeder einzelnen Silbe an multidimensionalen Bedeutungs-Universen steckt.

Allein das einsilbige *»laaft's«* versteckt ein Labyrinth, einen Maxikosmos verschiedener Bedeutungsmöglichkeiten. Dieses *»laaft's«* ist allein deswegen schon wichtig, weil der menschliche Körper ja zu großen Teilen aus flüssigen Werkstoffen besteht, Blut, Lymphe, Wasser. Und damit das *»laaft«*, muss man oben etwas *»reinlaafe«* lassen, sonst *»laaft's net«*.

Was uns zum nächsten wichtigen Charakteristikum hiesiger Mentalität bringt. Pfälzer achten penibelst auf einen ausgeglichenen Flüssigkeitshaushalt. Viel lautes Babbeln, egal ob einsilbig oder wasserfallartig, macht einen trockenen Mund. Also ist klar: Pfälzer trinken viel. Wein. Und

Wasser. Ein bissel. Besonders dann, wenn beides in einem Schorleglas zusammengemischt wird (zum korrekten Mischungsverhältnis und allen damit einhergehenden ethnologischen Komplikationen siehe das Kapitel »Wein«).

Singsang-Phonetik

Pfälzisch ist im Prinzip französisches Deutsch. Der bevorzugt gesprochene pfälzische Laut ist stimmhaft und *weesch* (weich).

Aus einem hochdeutschen »Balkon« wird hier ein *»Bàlgon«*, aus einem »Bahnhof« ein *»Bohhof«*, aus einem »Karton« ein *»Kàddoon«* und wenn der noch weicher ist: ein *»Babbedeggel«* (Pappe).

Dazu kommen unzählige französische Lehnwörter, die auch heute noch in Gebrauch sind, wie *»Chaiselongue«*, *»Trottoir«*, *»Bottschamber«* (Nachttopf/*pot de chambre*) und das schönste und am vielseitigsten verwendbare Pfälzer Wort *»alla«* (vom französischen *aller*, gehen).

Kein Wunder, war die Pfalz doch von 1792 bis 1814 Teil Frankreichs und hat auch sonst viele gemeinsame Wunden und Wirrungen erlebt. Heute ist die Nähe zu Frankreich am wunderbarsten nachspürbar, wenn man in Schweigen, dem südlichsten Ort der Deutschen Weinstraße, durch das Weintor fährt und auf einmal in Frankreich ist – einfach so. Die Straßenschilder sehen etwas anders aus, die Fachwerkhäuser sind zahlreicher, aber die Weinberge, die Hügelkette, die Landschaft bleibt gleich lieblich. Oder man wandert im Wasgau in der Südwestpfalz durch den Wald, und auf einmal ist man in Frankreich, und man hat noch nicht mal etwas von einer Grenze gemerkt. So einfach und friedlich geht das im 21. Jahrhundert. Wenn unsere armen Vorväter das gewusst hätten, als sie sich für Gott und Vaterland und andere Lügen die Köpfe einschlugen …

Da ist die Geschichte von Liselotte von der Pfalz, einer in Heidelberg geborenen Prinzessin, die 1671 mit dem Bruder des Sonnenkönigs Ludwig XIV. verheiratet wurde. *»Hopp, liebe Franzmänner, hört halt uf zu nerve. Nehmt unser schönschtes Mädel, dann sin mir verwandt und ihr gebt endlich Ruh!«* – So oder so ähnlich war das Argument.

Doch leider war Liselotte gar nicht das schönste Mädel, wie sie selbst auf direkt-ehrliche, typisch pfälzische Art in ihren berühmten Briefen zugab: »Mein fett hatt sich gar übel placirt, muß mir also woll übel ahnstehen ich habe einen abscheülichen (…) hintern, bauch undt hüfften undt gar breite axlen, halß und brüste sehr blat, bin also, die warheit zu bekennen, gar ein wüste heßliche figur …«

Also fielen die Franzosen über die armen Pfälzer her und machten alles nieder, was ihnen unter die Hufe und vor die Fackel kam: Das Heidelberger Schloss, die Kaiserstadt Speyer, den Schifferstädter Grumbeeracker. Alles kaputt!

Aber noch heute, im 21. Jahrhundert, rächen die Pfälzer sich dafür, indem sie ihren Kindern französische Namen geben – diese aber so aussprechen, wie sie das wollen: *Dschanette, Nickoule, Dschaqueline …*

Erotik und Dialekt

Eine Fachzeitschrift für Linguistik namens *Playboy* hat vor Jahren einmal eine Umfrage veröffentlicht mit dem Thema »Welches ist der erotischste Dialekt Deutschlands?«. Mittlerweile sind zahlreiche weitere, mehr oder weniger repräsentative, Umfragen dazugekommen, beauftragt von *Spiegel* bis *FriendScout24*. Nichts macht wohl mehr Spaß in einem Deutschland, dessen Innenstädte so uniform gestaltet sind, als die paar Unterschiede, die uns noch bleiben, zu feiern und herauszustellen. Das Ergebnis ist bei fast allen Umfragen mehr oder weniger gleich: Bayerisch gilt als der erotischste Dialekt Deutschlands. Da haben offensichtlich wohl auch Beckenbauer, Stoiber und Seehofer nichts dran ändern können. Vielleicht liegt's aber auch nur daran, dass Bayerisch eben der bekannteste und damit automatisch populärste Dialekt ist – international wird Bayern mit seinen Trachten, Trink- und Essgewohnheiten ja fast als Synonym für Deutschland gesehen.

Und während Mundarten aus Berlin und Köln, ja, sogar Schwäbisch sich danach die vorderen Plätzen teilen, landen Sächsisch und … ja, auch Pfälzisch immer ganz hinten.

Wir möchten hier nicht rätseln, was sich bei auswärtigen Menschen erotischerweise regt oder eben auch nicht, wenn sie dem weichen, laut plätschernden Fluss pfälzischer Laute ausgesetzt sind. Alles Geschmackssache eben – egal ob Frau, ob Mann, ob Wein oder Sprache.

Für die Pfälzer ist es selbstbabbelnd völlig unverständlich, warum das Schwäbische oder Badische erotischer sein soll als ihre eigene, wunderschöne Art, dem Mund Laute abzuringen, die jedes Lustzentrum zum Beben bringen müssten. Alleine schon, wie Pfälzer solche Worte wie Romantik und Erotik aussprechen: *Ramondigg*, *Erròdigg*. Wie, so rätseln die pheromonisierten Eingeborenen, kann man so eine weiche und hingebungsvolle Aussprache nicht erotisch finden?

Vielleicht rührt die erotische Herabwürdigung des Pfälzischen aber auch daher, dass Außenstehende gar nicht wissen, dass die sensiblen Körpergebiete hier ganz anders positioniert sind. Bei einem Pfälzer ist die erogenste Zone eindeutig sein Maul, von erotisch eleganteren Menschen auch *Schnut* genannt, oder lautmalerisch direkter: *Schlabbergosch*. Darin befindet sich der sagenumwobene, kamasutrisch-pfälzische Gaumenlappen-Kitzler. Der sogenannte »*G-Dubbe*«. Und wenn der anfängt zu vibratorieren, kommen auf einmal so schöne Wörter ans Ohr wie »*sinnlisch*«, »*butzisch*«, »*schää*«, »*Bauchnauwel*«, »*Ärschel*«, »*Bobbes*« …

Gerade wenn pfälzische Frauen drauflosbabbeln, ist vor lauter Erotik kein Halten mehr. Besonders dann, wenn sie ihren Männern Kosenamen geben. An der Art dieser Bezeichnungen kann man sogar ablesen, in welchem Zustand sich die Beziehung befindet.

Am Anfang stehen Tiernamen: »mei Bärle«, »mein Tiger«, »mein Faulpelz«, »mein Aff«.

Die nächste Stufe ist dann: »meiner«. Ganz einfach nur »meiner«. Gebraucht in solchen erotischen Sätzen wie: »Meiner schläft vor'm Fernseh immer oi.« Klingt zwar hart, aber wenigstens ist es immer noch ihrer.

Die nächste Stufe ist dann nur der Vorname mit Artikel: »de Werner!«, »de Walder!«, »de Mischael wascht sei Audo mehr wie sisch selbscht, der alde Dreckbär!«

Und die unterste Stufe der erotisch-ehelichen Namensgebung in der Pfalz ist dann: »der do!« Ganz einfach nur noch »der do«.

Pfälzische Männer dagegen machen keine großen Abstufungen in ihren sprachlichen Liebesbezeugungen. Hört man zwei Pfälzern zu, wie sie über ihre Holden sprechen, dann hört sich das sehr romantisch an: »Die Fraa is dehääm un hot die Kränk.« (»Die Frau ist zu Hause und ist krank.«) Man beachte: nicht »mei Fraa« (meine Frau), sondern »die Fraa«.

Diese vordergründig vielleicht lieblos distanziert wirkende Bezeichnung ist in Wirklichkeit ein Edelstein pfälzischer Linguistik-Erotik. Pfälzische Männer hängen immer noch den alten Idealen der mittelalterlichen Minne an. Sie wissen genau, dass man eine Frau nie ganz besitzen kann, deshalb auch nicht »mei Fraa«. Nein, Pfälzer sehen die Frau als eine Art unnahbare Göttin der Liebe, anbetungswürdig, ein holdes Frauenzimmer, das mit Oden und Gedichten und pfälzischer Dialektik bezirzt werden muss: »Die Fraa, mit dere isch so gern mei Lewwerworschdebrot teil'.«

Da kann keine Frau widerstehen. Und so wird auch sie dann ihren Gefühlen freien Lauf lassen und begeistert und euphorisch dem Mann das schönste, erotischste Kompliment machen, das der pfälzische Dialekt bereithält: *»Des is en feine Kerl, ken Depp un nix!«*

Dialektpflege: pfälzisches Liedgut

Sind Dialekte wirklich vom Aussterben bedroht oder laufen zumindest Gefahr, zu einem deutschen Sprach-Einheitsbrei gepanscht zu werden, der zwar noch regional gefärbt, aber ansonsten massen- und medienkompatibel und damit austauschbar sein wird? Wie überall in Deutschland scheint auch in der Pfalz die Mundart auf dem Rückzug zu sein. Im Zeitalter von Smartphone-Emojis und Youtube-Filmchen scheint es bei vielen Jugendlichen nicht angesagt, Mundart zu sprechen. Glücklicherweise gibt es aber lokalpatriotische Eltern, die Wert legen auf eine zweisprachige Erziehung, und deshalb radikale Maßnahmen ergreifen: *»Isch sag nur: Früherziehung? Wenn die Kinder vun de Schul kummen, wer'n sofort pälzische Vokable abgfroogt und abends missen se die Tagesschau simulton uf Pälzisch üwwersetze.«*

Trotz des fortschreitenden Rückzugs der Mundart aus dem öffentlichen Raum sollte jetzt aber nicht der Eindruck entstehen, dass man in der Pfalz nach gesprochener Mundart suchen müsste. Laut Umfragen gehört Pfälzisch zwar bei anderen Deutschen nicht zu den angesagten Dialekten. Wenn aber danach gefragt wird, wie die eigene Mundart gesehen wird, dann kommt heraus, dass Pfälzer ihre eigene Sprache bei Weitem positiver einschätzen als andere Mundartsprecher die ihre.

Kein Wunder also, dass Pfälzisch auf der Bühne, als Comedy, Theater oder in musikalischer Form, in verschiedenen Größenordnungen von Zimmertheater bis Arena, bei allen Generationen sehr erfolgreich ist. In der *Rheinpfalz am Sonntag* gehört die Rubrik *»Saach bloß«*, in der

Redakteur Michael Konrad immer wieder neue dialektale Eigenarten beleuchtet und alte pfälzische Worte vor dem Vergessen bewahrt, seit Jahren zu den populärsten Beiträgen.

Ein viel zitierter Pionier der pfälzischen Mundartkunst ist Paul Münch. Er brachte 1909 »*Die Pälzisch Weltgeschicht*« heraus, in der zwar hier und da heute unzeitgemäße rassistische Bemerkungen auftauchen, die aber wohl dem damaligen Kaiserreich-Zeitgeist geschuldet sind. Insgesamt aber ist es ein kleines Meisterwerk der Mundart-Dichtung, eine mit viel Selbstironie gewürzte Darstellung des Pfälzers als Mittelpunkt der Schöpfung. Die Achse, um die sich das gesamte Weltensystem dreht, liegt natürlich genau im Mittelpunkt *vum Pälzer Staat*, der damit zum Nabel des Universums wird.

Wann jemand uf de Infall käm,
    (Wenn jemand auf den Einfall käme,)
De Mittelpunkt vum Weltsyschtem
    (den Mittelpunkt des Weltsystems)
Genaa un dipplich auszurechne
    (ganz und gar genau auszurechnen)
Un in die Landkart inzuzeechne,
    (und in der Landkarte einzuzeichnen,)
Do käm er uf des Resultat,
    (dann käme er auf das Resultat,)
Daß mittedrin im Pälzer Staat
    (dass mitten im Pfälzer Staat)

Der Punkt leit, der wo ganz gewiß
    (der Punkt liegt, der ganz gewiss)
Die Hauptsach uf em Weltall is
    (die Hauptsache auf dem Weltall ist)
Der Punkt, wo alles sich drum dreht,
    (Der Punkt, wo alles sich drum dreht,)

Was uf der weite Welt besteht.
  (was auf der weiten Welt besteht.)

(…)

Dort werd die Weltachs ingeschmeert
  (Dort wird die Weltachse eingeschmiert)
Un ufgebaßt, daß nix basseert,
  (und aufgepasst, dass nichts passiert,)
Was in de Weltelaaf am End
  (was im Weltenlauf am Ende)
E kleeni Steerung bringe kennt.
  (eine kleine Störung bringen könnte.)

Schun seit der Herr die Welt gebaut,
  (Schon seit der Herr die Welt gebaut,)
Is uns die Weltachs anvertraut,
  (ist uns die Weltachse anvertraut,)
Weil meer von alle Menscherasse
  (weil wir von allen Menschenrassen)
For so e Amt am beschte basse.
  (für so ein Amt am besten passen.)

Diese »Pälzer Weltachs'« gibt es wirklich, sie verläuft auf einem Berg namens »Kleiner Roßrück«, tief im Pfälzerwald bei Waldleiningen. Dort oben auf einem natürlichen Felsentisch steht ein quadratischer Stein, der diese Achse symbolisiert, und daneben ein Steinrelief, das an den berühmtesten aller Pfälzer Dichter erinnert. Seiner Feststellung, dass die Pfälzer dafür verantwortlich sind, die Weltachs' immer gut zu schmieren, damit das Universum nicht aus dem Gleichgewicht gerät, wird auch heute noch gewissenhaft Folge geleistet.

Wie nicht anders zu erwarten war, haben die Pfälzer daraus ein Fest gemacht, bei dem nicht nur die Achse, sondern auch die Kehlen mit einheimischem Rebensaft geschmiert werden.

Diese einzigartige Mundartkunst von Paul Münch hat mehrere Generationen nachfolgender Pfalz-Dichter beeinflusst.

Nur wenige erreichen dabei die inspirierte Qualität des Altmeisters. Die meisten sind volkstümliche Heimatdichter, deren Stil geprägt ist von idealisierten Naturbeschreibungen oder klischeehaften Alltagssituationen, die sich gerne auch am berüchtigten Pfälzer Dreiklang von *»Weck, Worschd un Woi«* abarbeiten. Formal haben sie meist ein bestimmtes Versmaß und eine bisweilen gezwungen wirkende Reimstruktur, die beim mündlichen Vortrag durch eine eigentümliche Rhythmik unwillkürlich an Fastnachts-Büttenreden erinnert. Dass sich dabei neben dem lautstark präsentierten Witz ein zusätzlicher Humorfaktor einschleicht, ist dabei eher unfreiwilliger Natur.

Von den Old-school-Dichtern gilt Paul Tremmel als der Bedeutendste. Seit den Siebzigerjahren jedoch hat eine neue Generation von Poeten die Pfälzer Mundartdichtung auf eine andere Ebene gehoben. Leute wie Arno Reinfrank, Walter Landin, Bruno Hain, Hans-Peter Schwöbel und allen voran Michael Bauer machten niveauvolle und inhaltlich anspruchsvolle Poesie daraus. Dabei haben sie ihrer Mundart innewohnende Rhythmus- und Bildqualitäten neu entdeckt und kunstvoll auf die Spitze getrieben.

Wenn der Pfälzer Dialekt als Singsang charakterisiert wird, könnte nichts zutreffender sein. Das gesprochene pfälzische Wort ist automatisch musikalisch, hat eine ganz eigene Melodie und einen äußerst rhythmischen Groove. Kein Wunder also, dass sich die Pfälzer Mundart am besten anhört, wenn sie mit Musik kombiniert wird. Dass sie dann bei Gelegenheiten dargeboten wird, die im weitesten Sinne etwas mit Nahrungsaufnahme zu tun haben, liegt dabei in der Natur der (Pfälzer) Sache. Dann sind plötzlich alle

Elemente beisammen, die die viel beschworene und besungene Pfälzer Geselligkeit und Feierwütigkeit ausmachen.

Kein Wunder also, dass sich das hiesige Liedgut nicht gerade durch Subtilität, Eleganz oder gar poetischen Anspruch auszeichnet. Man merkt den Liedern eben an, dass sie schon beim Schreiben als Gebrauchsmusik konzipiert wurden, das heißt als Mitsing-Soundtrack für diverse feuchtfröhliche Feieraktivitäten.

Kurt Dehn (1920–2000) aus Bad Dürkheim ist der Pionier und Altmeister des pfälzischen Liedes. Viele seiner Stücke wirken heute wie alte Volkslieder und zeitlose Traditionals, die irgendwie schon immer da waren, die jeder kennt und die immer wieder neu von Bands und Mundartbarden neu interpretiert werden. Stücke mit für sich sprechenden Titeln wie »*So en gude Palzwoi*« oder »*Do werdd die Wutz gschlacht*« gehören zur kulturellen Matrix der Pfälzer. Diese mögen nicht subtil oder raffiniert sein und intellektuell schon gar nicht. Sie sind aber volkstümlich und massentauglich im besten Sinne. Und auf solche Zeilen wie »*En eschde Pfälzer raacht ken Hasch, denn unsern Stoff kummt aus de Flasch*« muss man erst mal kommen. Sie sind nicht nur Zeitzeugnis, sondern auch ein schöner Beleg für die selbstironische Pfälzer Art.

Eines der überregional bekanntesten Pfälzer Lieder ist der von Schlagersänger Tony Marshall bekannt gemachte Karnevalshit »*Tramps vun de Pfalz*«, der ursprünglich von zwei rheinhessischen Fastnachtsbarden als Schmähgesang gegen die Pfälzer geschrieben wurde – und deshalb von uns hier nicht weiter thematisiert werden soll.

Das wirklich authentische, deutschlandweit bekannteste Pfälzer Lied ist der »Neckarbrückenblues« von Joy Fleming (1944–2017). Als dieser Song 1972 veröffentlicht wurde, horchte die deutsche Musikwelt auf. Pfälzisch – das war eine Sprache, die man so noch nicht gehört hatte, im Bluesrhythmus vorgetragen von einer Stimme, die so *black* klang, dass man sie niemals mit einer herzhaft babbelnden Mannheimerin in Verbindung gebracht hätte. Und dazu noch diese Geschichte von ihrem Karl, der sich über die Neckarbrücke davonmacht, wo sich die stadtbekannte Prostituiertenstraße befindet, um dann doch immer wieder zurückzukehren. Ein Ausnahme-Song, der trotz und wegen des Dialektes zum Klassiker geworden ist und zum ersten Mal zeigte, wie gut Pfälzer Mundart und *Black Music* zusammenpassen.

Die unbestrittenen Könige des Pfalzlieds sind heutzutage »Die Anonyme Giddarischde«. Hinter dem etwas rätselhaften Namen verbergen sich fünf Musiker, die sich seit ihrer Gründung 1994 auf unzähligen Wein-, Stadtfesten und andere Konzerten echten Kultstatus erspielt haben. Die konsequente und ungekünstelte Art, Pfälzer Identität, Mundart und Mentalität zum Programm zu machen (die Webseite *www.dieanonymegiddarischde.de* und sogar der Wikipedia-Eintrag sind auf Pfälzisch!), macht die Band zu einer kulturellen Institution. Eine intelligente Art der Volkstümlichkeit kombiniert Ironie und Hintersinn mit eingängiger, akustischer Gitarrenmusik und einfachen Rhythmen. Heraus kommen moderne Hymnen, die alle Generationen ansprechen. Es ist ein Gänsehauterlebnis, wenn Menschen von acht bis 88 das »*Pfalzlied*« mitsingen – und zwar nicht nur den Refrain, sondern sämtliche Strophen. Und wenn aus Hunderten gut geölten Weinkehlen die ultimative Hymne an und aus der Pfalz ausgestoßen wird …

> *Warscht du ämool uff de Kalmit oder uf de Dahner Höh?*
>
> *(Warst du mal auf der Kalmit oder der Dahner Höhe?)*
> *Hoscht du a'mol amme Herbschtdag moins de Newel schteige seh'?*
>
> *(Hast du an einem Herbsttag morgens den Nebel steigen sehen?)*

Bisch mol barfuß durch die Wies gerennt,
oder unner Bääm?

   (Bist du mal barfuß durch die Wiesen gerannt
   oder unter Bäumen?)

Dich mol hiegelegt die Aache zu unn
äfach bloß geträämt?

   (Hast dich mal hingelegt, die Augen zu und
   einfach nur geträumt?)

Des wär alles nix besondres, sagscht du unn
du mischt jetzt geh,

   (Das wäre alles nichts Besonderes, sagst du
   und musst jetzt gehen,)

weil es gäb ausser de Palz jo a noch anneres zu seh.

   (weil es gäbe außer der Pfalz ja auch noch
   anderes zu sehen.)

Sischer hoscht du rescht wann du sagscht
dass der's annerschtwu a gfallt,

   (Sicher hast du recht, wenn du sagst,
   dass es dir anderswo auch gefällt,)

awwer annerschtwu is annerscht,
unn net so wie in de Palz.

   (aber anderswo ist anders und halt nicht
   wie in der Pfalz.)

…dann füllt sich angesichts dieser lebenden Legenden des Lokalpatrioten Herz mit Stolz. Dabei tropft das ein oder andere Freudenfränchen ins Schoppenglas, weil klar wird, dass es mit dem Aussterben des Pfälzer Dialektes so schnell nichts werden wird.

Berühmte Pfälzer

VIPs und Flops

Pfälzischen Landeskindern, die es schaffen, über den Dunstkreis ihres kleinen, unbedeutenden Strichs von Land hinaus eine gewisse Berühmtheit zu erlangen, wird es traditionell nicht gerade leicht gemacht da draußen in der großen weiten Welt. Und wer jetzt denkt, wir machen hier wieder einen auf Tränendrüse, der überprüfe ehrlich, welche Assoziationen wach werden bei Namen wie Helmut Kohl, Boris Becker, Mario Basler oder Daniela Katzenberger. Größe? Stil? Eleganz? Weltgewandtheit?

Da hatte es der erste Prominente der Region noch leichter. Der *Homo heidelbergensis* musste zwar 600 000 Jahre in einer Kiesgrube liegen bis er berühmt wurde. Doch dann schaffte er es geradezu mühelos, weltweite Bekanntheit zu erlangen als Vorfahre des *Homo neanderthalensis*. Und das, obwohl nichts weiter als ein Unterkiefer von ihm übrig geblieben war. Gefunden hatte den 1907 der Kiesgrubenarbeiter Daniel Hartmann (*de Sanddaniel*), und sein berühmter Satz, mit dem er die Neuigkeit in seiner Weinstube verkündete, ist im original kurpfälzischen Dialekt überliefert: *»Heit haw isch de Adam g'funne.«* Dass es ausreicht, mit nur einem Unterkiefer eine ganz eigene Hominiden-Linie zu begründen, die bis heute in aller Welt bekannt ist, wirft ein vielsagendes Licht auf die Mentalität der Spezies *Homus Palatinus*, die bis heute mehr oder weniger unverändert geblieben ist. Denn ohne stabile, mehrere Zeitalter überdauernde Oralwerkzeuge könnten die pfälzischen Hominiden bis heute wohl kaum ihren Lieblingsbeschäftigungen – Essen, Trinken, Babbeln – so intensiv und lustvoll nachgehen.

Nachfolgende pfälzische Prominente hatten es da ungleich schwerer, positiv – oder wie es heute heißt: nachhaltig – in die Geschichte einzugehen. Vom tragikomischen Schicksal der Liselotte von der Pfalz haben wir schon gehört.

Eine schöne Pfälzer Prominentengeschichte ist auch die von Georg von Neumayer (1826–1909). Obwohl nach ihm immerhin ein Mondkrater benannt ist, bleibt er der Allgemeinheit weitestgehend unbekannt. Dabei ist er einer der berühmtesten Wissenschaftler seiner Zeit gewesen. Seine Lebensaufgabe sah er in der Förderung der Meeres- und Polarforschung – ganz so, wie es sich für einen Pfälzer gehört, der ganz tief in seinem Herzen weiß, dass sein Heimatland, wenn schon nicht geografisch, aber doch mentalitätsmäßig irgendwo am Mittelmeer liegt. So einer kann natürlich gar nicht anders, als Seemann zu werden. Später wird er sogar Leiter der von ihm mitbegründeten Deutschen Seewarte in Hamburg und setzt sich zeit seines Lebens für die Erforschung des Südpols ein. Der Mann kommt viel rum in der Welt, Berlin, Hamburg, Südamerika, Australien. Als er aber 1903 in den Ruhestand geht, kommt er zurück in seine Heimat und lässt sich in Neustadt an der Weinstraße nieder. Seine Begründung: Wo sollte der Pfälzer denn schon leben als in seiner Pfalz? Diese Art von heimatlicher Selbstverständlichkeit zeichnete die Bewohner dieses Landstrichs also auch schon damals aus in viel schwierigeren Zeiten, als die Pfalz noch zu Bayern gehörte und *Rheinbayern* hieß.

Die 1981 eröffnete erste deutsche Überwinterungsstation in der Antarktis ist nach Neumayer benannt. Passenderweise hat sich dazu ein schöner Brauch entwickelt: Einmal im Jahr wird den armen Forschern am Ende der Welt eine Kiste mit immerhin 70 Pfälzer (und rheinhessischen) Weinen geschickt. Das könnte man klischeehaft nennen, ist aber eigentlich die schönste Hommage an den alten Neumayer, den Pfälzer, der hinauszog in die Welt, um wieder zurückzukehren ins Land, in dem Wein ein Grundnahrungsmittel, also im Prinzip wie Wasser ist – nur schmeckt's halt besser.

So ähnlich wie Neumayer beschrieb auch Fritz Walter, der Spielführer der Weltmeistermannschaft von 1954 die Liebe zu seiner Heimat. Auf die Frage, warum er während seiner aktiven Laufbahn, die er nur beim 1. FC Kaiserslautern verbrachte, nie die zahlreichen Angebote in- und ausländischer Vereine angenommen hatte, antwortete einer der größten Fußballer aller Zeiten: »Wohin soll ich denn wechseln? Ich bin doch schon beim FCK.«

Zwischenzeitlich hätte man über so viel Provinzialität lächeln können. Heutzutage aber, wo der Fußball zu knallhartem Big Business geworden ist, mit Aktiengesellschaften, arabischen Investoren, Multimillionären auf dem Rasen, birgt so eine Aussage auch ein bisschen Trost für die Traditionalisten unter den Fans, die sich ihren Sport zurückwünschen.

Fritz Walter war dann aber auch leider der letzte Pfälzer Prominente, der von allen unbestritten als große Persönlichkeit bewundert wurde. Seit den Siebzigerjahren ist es damit vorbei. Heute, so könnte man meinen, ist die Pfalz zusammen mit der Metropolregion Rhein-Neckar das Land mit der dritthöchsten Dichte peinlicher Prominenter nach Bayern und Nordkorea.

Und wenn man schon dabei ist, dann werden auch gerne mal Promis aus anderen Ländern irgendwie mit der Pfalz assoziiert, wenn's dem Vorurteil dient. So wurde seinerzeit auch der glücklose SPD-Kanzlerkandidat und strauchelnde Westerwälder (!) Rennradfahrer Rudolf Scharping als Pfälzer bezeichnet, es passte ja so gut ins Bild, auch wenn zwischen Wester- und Pfälzerwald über 100 Kilometer liegen, auf denen man vom Rad fallen kann.

Die Siebziger- und Achtzigerjahre waren geprägt durch einen groß gewachsenen Pfälzer mit Brille und eingeschränkter Zweisprachigkeit: Helmut Kohl, den »Kanzler der Wiedervereinigung«. Es ist wohl nicht zu hoch gegriffen, wenn man sagt, dass dieser Mann zum Inbegriff des Pfälzers wurde, er das allgemeine Bild dieser Landsmannschaft geprägt hat – bis heute.

Da war einmal seine Sprechweise, der oft hilflose Versuch, hochdeutsche Wörter zu artikulieren und dabei die beiden Laute »sch« und »ch« nicht zu verwechseln. Was dabei heraus kam, war weder das eine – Pfälzisch – und schon gar nicht das andere – Hochdeutsch. Es war einfach *»nischt Fich, nischt Fleich«*. Und da war die massige Physis als Fleisch gewordene Verkörperung der Pfälzer Ess- und Trinkkultur.

Und die Wiedervereinigung? Eigentlich hat Helmut Kohl nach dem Fall der Mauer mit Gorbatschow, Thatcher & Co. eigentlich nur das gemacht, was Pfälzer nun mal gerne machen: Auswärtige bewirten und abfüllen und so lange auf sie einbabbeln, bis sie alles ganz super finden (dazu später mehr in einem eigenen Kapitel »Deidesheim und Helmut Kohl«).

Egal, wie man nun die Lebensleistung von Helmut Kohl letztendlich einschätzt, er hat auf jeden Fall für alle nach ihm kommenden Pfälzer Prominenten ziemlich unwegsames Gelände hinterlassen. Zumal die wenigen Menschen, die es geschafft haben, ins überregionale Rampenlicht der deutschen Öffentlickeit zu treten, nicht unbedingt dazu geeignet waren, die Pfälzer Stereotypisierung von sprachlicher Peinlichkeit, fehlender Finesse und intellektueller

Eindimensionalität zu zerstreuen, seien es nun rauchende Fußballprofis, Tennis spielende Bobbeles, Väter von Tennisspielerinnen, Reality-Show-Blondinen und so weiter.

Oder andere Politiker: Der Fall von Kurt Beck zeigt, wie allgegenwärtig der pfälzische Kohl-Faktor immer noch durch die Lande geistert. Beck, bekennender Pfälzer Lokalpatriot, hatte zunächst eine ziemlich erfolgreiche Karriere als langjähriger Ministerpräsident von Rheinland-Pfalz. Doch als er sich dann zu weit in die bundespolitische Politik wagte und auf einmal SPD-Vorsitzender war, da wurden in der deutschen Medienlandschaft alte Rituale wieder belebt, nach dem Motto: Berlin ist eine Nummer zu groß für einen Pfälzer. Das waren die bekannten Kohl-Reflexe, die teils sogar mit demselben Wortschatz funktionierten. »Provinziell« war dabei die am liebsten gebrauchte Vokabel. Nach Beendigung seiner politischen Laufbahn wurde Beck in einem Interview der *Frankfurter Allgemeinen Zeitung* (1.4.2013) noch einmal danach befragt: »Sie sind häufig ›provinziell‹ genannt worden. Empfanden Sie das auch als Kompliment?« Und seine Antwort bringt auf den Punkt, wie die Rezeption von Pfälzern und ihren Prominenten da draußen oft läuft: »Nein: weil ich wusste, dass es nicht als solches gemeint war.«

Das neueste Kapitel der Pfälzer Prominentengeschichte hätten wir gerne unerzählt gelassen, aber inzwischen kann man es wohl kaum noch verheimlichen. 2012 brach ein pfälzisches Filmteam in die USA auf, um für die Heimatdoku »*Kings of Kallstadt*« einen gewissen Donald Trump zu interviewen, der sich damals, allseits belächelt, anschickte, Spitzenkandidat für die Präsidentenwahl zu werden. Damals dachte man noch, dass daraus eine schöne, kleine, bizarre Episode werden könnte aus der Ahnenreihe »Peinliche Pfalz-Promis«.

Das kleine Kallstadt an der Weinstraße, das heute um die 26 Weinbaubetriebe, eine Bäckerei und einen Laden namens

»Saumagenparadies« sein Eigen nennt, bot wohl in den schlechten Zeiten des 18. und 19. Jahrhunderts einige Gründe zum Auswandern. Auch die Vorfahren des US-amerikanischen Ketchup-Moguls Henry John Heinz kommen ursprünglich von hier. Und der Großvater von Donald Trump. Nichts weiter als eine lustige Fußnote, ein weiterer Beleg dafür, wie kosmopolitisch und weltgewandt die Leutchen aus der Pfälzer Provinz doch in Wirklichkeit sind.

Wer hätte aber auch ahnen können, dass der Mann mit der Tolle amerikanischer Präsident wird?! Und was für einer! Deswegen kann es heute durchaus sein, dass man jemanden an der Weinstraße nach Kallstadt fragt und eine entsetzte Antwort bekommt: *»Kallstadt? Kenn isch net. Kallstadt? Nie gehört. Wo soll'n des sei?«*

Wer weiß, wer weiß, vielleicht waren es beim US-Wahlkampf gar nicht die Russen, sondern saarländische Hacker, die ihren Erzfeinden, den Pfälzern, schaden wollten, indem sie den Enkel eines Pfälzers zum mächtigsten Mann der Welt manipulierten, obwohl er auf gut Pfälzisch doch *en eschde Dollbohrer* ist. (Mehr zur Geschichte der pfälzischen Trump-Connection im Kapitel »Amis und Pfälzer, *hiwwe wie driwwe«*.)

Landschaften

Wo ist die Pfalz und bis wohin?

Obwohl die Pfalz ein vergleichsweise kleines Gebiet ist mit gerade einmal rund 1,3 Millionen Menschen, gibt es große Unterschiede zwischen den einzelnen Regionen. So vielfältig die Landschaft ist zwischen Rhein und saarländischer Grenze, zwischen Donnersberg und Vogesen, zwischen Rheinhessen und Frankreich, so unterschiedlich sind manchmal auch Mentalität und Mundart.

Kein Wunder, findet das Leben der Pfälzer doch statt im Spannungsverhältnis zwischen Extremen: Wald und Fluss, frühlingsbezwiebeltem Flachland und dicht bewaldetem Mittelgebirge, Vulkanhügeln, Weinbergen und riesigen Fabriken von Weltkonzernen, Städten und Weindörfern, Touristenorten mit Besuchern aus aller Herren Länder und Weiler, in denen die Zeit stehen geblieben scheint. Es sei denn, es gibt dort eine Vinothek, die den kleinen Flecken am Wochenende in einen großen Parkplatz von Premiumfahrzeugen verwandelt.

Es liegt auf der Hand, dass den Pfälzer, der im Wasgau, im tiefen, dunklen Dickicht des größten zusammenhängenden Waldgebiets Deutschlands zwischen Felsenland und Baumwipfelpfad wohnt, andere Verhaltensweisen auszeichnen als seine Landsleute, die am Rhein im Schatten von Chemiefabriken (Ludwigshafen) oder Weltkulturerbestätten (Speyer) leben. Und ein Pfälzer aus dem Donnersbergkreis, der vergleichsweise dünn besiedelt und durch eine wildwüchsige Natur geprägt ist, ist logischerweise oftmals anders *druff* als seine Stammesgenossen an der Weinstraße, die mit Touristenmassen, Weinseligkeit und Toskana-Klischees fertigwerden müssen und wollen.

Dem auswärtigen Besucher, der die Pfalz von Nord nach Süd und vom Rhein Richtung Kaiserslautern und Kusel durchquert, mögen die sprachlichen Unterschiede nicht auffallen. Für die meisten Norddeutschen ist Pfälzisch ja ohnehin eine Art Schwäbisch – und einem Pfälzer so etwas, wenn auch nur spaßeshalber, ins Gesicht zu sagen käme einem Affront gleich, der nur getoppt werden könnte durch eine Kriegserklärung, nämlich die, dass Pfälzisch und Saarländisch sich anhören als gehörten sie zusammen.

Auch die Mentatlitätsunterschiede bemerken wahrscheinlich nur die besonders aufmerksamen Beobachter, die aus der Anzahl verschlossener Hoftore und menschenleerer Gassen, oder aber der Dichte gleichzeitig stattfindender Feste gewisse ethnologische Schlüsse ziehen könnten.

Ja, wir wissen, dass auch der enthusiastischste Pfalzbesucher nicht alle Teile des Landes bereisen wird, so schön und unterschiedlich sie auch sind. Die Wahrscheinlichkeit ist hoch, dass er, wie die meisten seiner Besucherkollegen, an der Weinstraße oder irgendwo im Wald zwischen Bäumen und Felsen und schoppenseligen Wanderhütten hängen bleibt.

Also versuchen wir uns hier mit einer kurzen, keinesfalls vollständigen Beschreibung der einzelnen Regionen der Pfalz. Damit man später wenigstens weiß, wo man nicht war, um zu sagen: Da müssen wir unbedingt noch mal hin. Denn die Pfalz ist klein an Ausmaß und Einwohnerzahl, aber riesig an Vielfalt!

Vorne in diesem Buch befindet sich eine Karte. Die wichtigsten im Text erwähnten Orte sind eingezeichnet. Andere mindestens genauso wichtige werden vielleicht vermisst, müssen aber weggelassen werden, weil man sonst die Karte vor lauter Buchstaben nicht sehen würde.

Die Vorderpfalz

Von ihrem Tourismusverband »Urlaubsregion Rheinebene« genannt, erstreckt sich die Vorderpfalz flach und fruchtbar vom Rhein im Osten bis an den Beginn des Pfälzerwaldes. Man könnte sie auch die Gemüsepfalz nennen. Hier dominiert der Acker: Salate, Kopf an Kopf, Frühlingszwiebeln, Kohl, Spargel, Kartoffeln … Weil das Mittelmeer-Wetter aber nicht immer so zuverlässig ist wie in den Pfälzer Werbeprospekten angepriesen, macht sich allerorten die besondere Spezies der Plastikplane breit, quadratkilometerweise gespannt, um darunter mediterranes Mikroklima zu schaffen, in dem der Spargel vortrefflich gedeiht. Die Kartoffeln, hier *Grumbeere* genannt, sind etwas so Besonderes, dass es sogar wieder zu einem Superlativ reicht: Die Pfalz ist das größte geschlossene Frühkartoffelanbaugebiet Deutschlands. Mehr als 300 Erzeuger haben sich unter dem Qualitätsnamen »Pfälzer Grumbeere« zusammengeschlossen, und jedes Jahr gewinnen sie den Wettlauf gegen die anderen deutschen Landwirte. Wer erntet seine Knollen vor allen anderen? Die Bauern aus der Pfälzer Provence natürlich.

Besonders romantisch präsentiert sich die Gegend, wenn die Sonne orange hinter dem Pfälzerwald untergeht und davor rotierende Bewässerungsanlagen kleine Regenbögen produzieren. Und olfaktorisch romantisch wird es, wenn Hunderte Erntehelfer aus Osteuropa die Frühlingszwiebeln (*Schlotte*) von Hand ernten und vor Ort noch bündeln.

Diese Küchengerüche sind so durchdringend, dass man sogar im Auto bei geschlossenem Fenster plötzlich einen gewissen Appetit auf Pfälzer Agrarerzeugnisse verspürt.

Ludwigshafen

Begrenzt wird die Vorderpfalz auf der östlichen Seite durch den Rhein. Dort liegt im Süden Speyer, alte Kaiserstadt mit UNESCO-Welkulturerbe (mehr dazu in Kapitel »Sehens- und Merkwürdigkeiten«). Und im Norden Ludwigshafen, junge Industriestadt mit schlechtem Ruf. Die größte pfälzische Stadt hat zwar bekanntermaßen nichts mit dem Gemüse ihrer Umgebung zu tun. Dafür gibt's hier aber viel aromatische Luft und Industrieromantik. Eigentlich ist sie eine durchschnittliche deutsche, industriell geprägte Großstadt. Nicht besonders attraktiv, aber auch nicht ohne (verborgene) Reize. Ganz normal eben. Vor allem wenn man in Betracht zieht, dass diese Stadt erst 150 Jahre alt ist und schon allein deswgen keine Altstadt oder ähnliche, als »schön« wahrgenommene urbane Attraktionen zu bieten hat. Und doch scheinen die negativen Reaktionen auf den Namen Ludwigshafen enthusiastischer zu sein als bei anderen Städten dieser Liga. Sogar in der eigenen Region, bei Pfälzern aus dem Umland und ganz besonders bei Kurpfälzern, die nur durch ein paar Meter Rhein getrennt, aber in einem anderen Bundesland leben, gehört das Herumhacken auf Ludwigshafen zum allgemeinen Gesprächsrepertoire.

Liegt es daran, dass die Stadt durch eine Chemiefabrik dominiert wird, die BASF, die das Ganze noch etwas explosiver macht (leider manchmal auch im sprichwörtlichen Sinne)?

Oder daran, dass die Stadt keinen Fußballclub hat wie Dortmund, der in der Bundesliga wenigstens ein bisschen was für's Image und die positive Bekanntheit tut?

Oder liegt es an der nahen Vergangenheit, als ein Ludwigshafener Kanzler und damit ein kleiner Stadtteil namens Oggersheim bekannter und belächelter war als die Stadt selbst?

Ja, es macht Spaß, Ludwigshafen doof zu finden und darüber solche Witze zu machen wie »Was ist das schönste an Ludwigshafen? Die Brücke nach Mannheim.« Aber inzwischen ist es auch irgendwie langweilig geworden.

Halten wir uns also an die Fakten: Die Stadt wird dominiert von zwei großen baulichen Komplexen, die direkt am Rhein liegen: Da ist die »Rhein-Galerie«, eine Shopping-Mall, die überall auf der Welt so stehen und ihr Kettengeschäfte-Flair verbreiten könnte. Die Innenstadt von Ludwigshafen dagegen ist da schon unverwechselbarer. Dort tobt zwar nicht gerade das wilde Leben – aber es gibt erstaunlich viele Telefonkarten-Geschäfte und so viele nette Läden, die nur einen Euro für ihre Waren verlangen. Okay, das ist nicht gerade spezifisch für Ludwigshafen.

Aber wirklich unverwechselbar wird die Metropole am Rhein durch ihren größten »Stadtteil«: die Badische Anilin- und Sodafabrik (BASF). Achtung Superlativ: Die größte Chemiefabrik der Welt steht hier, genau hier, direkt am Vater Rhein und beschäftigt als Stammwerk eines Weltkonzerns knapp 40 000 Menschen. Noch vor wenigen Jahrzehnten waren die Pfälzer ihrer »Anilin«, wie sie dieses Wesen nennen, in einer Art treuer Zuneigung verbunden, der Konzern tat viel für Stadt und Region, hatte eine betriebseigene Krankenfürsorge, betrieb sozialen Wohnungsbau usw. Man fühlte sich fast so wie eine riesige Großfamilie, die nichts auf die große Mutter kommen ließ, auch als die begann fremdzugehen und sich immer mehr zu einem transnationalen Unternehmen entwickelte. Natürlich haben die letzten 20 Jahre der Gewinnmaximierungs- und Dividendendiktatur dieses Bild verändert. Die Reduzierung der Stammbelegschaft ist in vollem Gange. In letzter Zeit machte man zudem durch eine Reihe von Zwischenfällen und Unfällen auf sich aufmerksam, von denen Kritiker sagen, dass dafür der Spar- und Kostendruck der auf Aktienkurssteigerung getrimmten Geschäftsleitung verantwortlich ist. Auf keinen Fall, sagen die verantwortlichen Manager und versichern den verantwortlichen Vertretern der Bürgerschaft, dass ihre Stadt nicht in die Luft fliegen wird. Und selbst wenn, dann besteht kein Grund zur Besorgnis, sofern man die Fenster schließt und sich die Decke über den Kopf zieht, oder so.

Bei jedem kleineren oder größeren Zwischenfall wird in den regionalen Medien (un)gern auf den 28. Juli 1948 hingewiesen, als bei einer Explosion große Teile des gerade wiederaufgebauten Werksgeländes in Schutt und Asche lagen, Gebäude der umliegenden Stadtteile beschädigt wurden und sogar im zehn Kilometer entfernten Frankenthal noch Fenster zu Bruch gingen.

Unverhoffte romantische Aspekte dieses Monsters bekommt man zu sehen, wenn man bei Dunkelheit auf der A6 Richtung Westen den Rhein überquert: eine blinkende »Alien-Stadt« mit Türmen und Rampen und dampfenden Luken steht dort am Fluss. Wer's nicht weiß, könnte denken: »So imposant und glitzernd habe ich mir Ludwigshafen gar nicht vorgestellt!« Und dann schön weit auf die Nasenflügel, wenn's an der betriebseigenen Müllverbrennung vorbeigeht. Das sind so exotische Aromen, die man selbst der südländischen Klischee-Pfalz gar nicht zugetraut hätte, gell?!

Ausflug: *Tatort* Ludwigshafen

Die Redaktion der ARD-Krimireihe *Tatort* hat bekanntlich die größte pfälzische Stadt Ludwigshafen als Schauplatz auserkoren, eine Ortswahl, die seinerzeit in der gesamten

Region Stirnrunzeln hervorrief. Manche sahen darin gar ein hinterhältig angelegtes Sabotage-Manöver der Badenser aus der SWR-Zentrale Baden-Baden, dem bundesweiten Ansehen der Pfälzer zu schaden. Spätestens die dritte Folge bestätigte seinerzeit die schlimmsten Befürchtungen: In »Tod im Häcksler« wurde das Leben in der pfälzischen Provinz, na, sagen wir mal: nicht gerade vorteilhaft dargestellt oder, direkter formuliert: Pfälzer auf dem Land sind debil, inzestuös und sprachkrüppelig. Wütende Zuschauerproteste und Rechtfertigungserklärungen des Senders waren die Folge.

Zugegebenermaßen hat sich die Krimireihe dann einigermaßen berappelt und sich, getragen durch das spröde Charisma der Hauptdarstellerin, ein gewisses Standing in der deutschen Fernsehlandschaft erarbeitet. Das Ganze hat nur leider selten etwas mit der Stadt, in der es spielt, der Region und Mentalität der Einwohner zu tun – geschweige denn mit ihrem Dialekt. Im Gegensatz zu anderen *Tatort*-Städten hat Lokalkolorit im grauen Ludwigshafen nichts zu suchen. Zumal man von Ludwigshafen sowieso kaum etwas zu sehen bekam: Brücken, Container, Hafenanlagen, ein bis zwei Leichen, fertig. Fast hätte man den Verdacht haben können, es wären Außenaufnahmen vom letzten Schimanski-Krimi hineingeschmuggelt worden, denn Hafen in Duisburg sieht genauso aus wie Hafen in Ludwigshafen. Und die Innenaufnahmen wurden ja ohnehin meistens in Baden-Baden im Studio gedreht. Schon allein deswegen, damit die Hauptdarsteller nicht so leiden mussten. Die hatten zwar Ludwigshafen zu verdanken, dass sie einigermaßen prominent wurden. Aber dafür fanden sie ihre filmische Heimstatt trotzdem … na, sagen wir mal vorsichtig: scheiße. Doch statt diplomatisch darüber zu schweigen, von wegen Stil und äußere Form wahren und positive Identifikation mit dem »Arbeitsplatz« und so, redeten sie auch noch öffentlich darüber.

Ulrike Folkerts gab bereitwillig zu Protokoll, die Architektur in Ludwigshafen sei ein Verbrechen an der Menschheit. Ja, vielleicht mag das sogar stimmen. Aber dann trotzdem einfach mal *die Gosch halde* wäre besser gewesen. Ihre Figur Lena Odenthal soll zwar gebürtige Ludwigshafenerin sein – toll! Und sie ist Fußballfan – Wahnsinn! Zuerst ist sie Anhängerin des 1. FC Kaiserslautern – was sonst?! Und später wechselt sie dann zum SC Freiburg – so was macht kein Pfälzer!! Das ist alles so wenig authentisch pfälzisch, wie es sich nur auswärtige Drehbuchschreiber ausdenken können.

Und ihr Partner, Andreas Hoppe, machte es noch schlimmer. Er klagte, dass er immer, wenn er in Ludwigshafen drehen müsse (!), Hautreizungen und gerötete Augen bekäme. Drastischer pfälzischer Kommentar dazu: »*Warum sagt er net noch, dass Ludwigshafen aach noch schuld is an seine verstrunzte Haar?*« Aber Hoppe legte noch einen drauf: Immer, wenn er nach Drehschluss zurück in sein Hotel nach Mannheim gehe, dann sähe er, wie drüben über dem Rhein Abgasfackeln den Himmel apokalyptisch erleuchteten, sodass es nie ganz dunkel werde. Mit der Wahrheit haben solche reißerischen Aussagen wenig zu tun. Und mit der Wahrnehmung der Bewohner schon gar nichts. Einheimische auf beiden Seiten des Rheins wissen, dass es anders funktioniert. Meistens ist eben Westwind. Und wer dann von Ludwigshafen nach Mannheim fliehen will wegen der schlechten Industrieluft, der wird zwangsläufig von ihr verfolgt. Vielleicht ist das der Grund für den Namen der Ludwigshafener Chemiefabrik BASF: »Badische Anilin- und Sodafabrik«. Denn im pfälzischen Ludwigshafen wird geschafft, und gestunken wird im badischen Mannheim. Aber das konnte Herr Hoppe nicht so genau wissen. Denn er lebt in Berlin und hatte mit Ludwigshafen und der Region nicht wirklich etwas am Hut (konsequenterweise stieg er Anfang 2018 aus der Serie aus).

Also stellt man sich die Frage als lokalpatriotischer Pfälzer, warum ausgerechnet in einem *Tatort* aus Ludwigshafen, der wirklich viel an Lokalkolorit und exotischer Mentalität hergeben könnte, alles so clean und glatt ablaufen muss, als wolle man nur die Tat sehen, den Ort aber verstecken. Und seinen Dialekt dazu. Bis auf einen kommt kein Schauspieler aus der Region. Folglich spielen lokale Kultur, Mundart, Mentalität – all das, was viele andere *Tatort*-Schauplätze so spannend und einzigartig macht, kaum eine Rolle. Und wenn doch, dann mit dem Holzhammer.

2016 erinnerte sich die plötzlich abenteuerlustige Redaktion wohl auf einmal daran, dass in Ludwigshafen ein nicht gerade unauffälliger Dialekt gesprochen wird. Eine Laientheatergruppe, in der Stadt bekannt für ihre Mundart-Komödien, bekam eine tragende Rolle – aber kein Drehbuch. Man sollte spontan sein, improvisieren. Was anderes traute man den Dialektsprechern offensichtlich nicht zu. Das Ergebnis war eine Übung in Abenteuerfernsehen mit Kauderwelsch und einer offensichtlich im Impro-Theater überforderten Hauptdarstellerin. Die Quoten und Reaktionen waren dementsprechend unterirdisch. Und wer war schuld? Die doofen Pfälzer mit ihrem unverständlichen Dialekt und ihrer Provinzialität? Oder eventuell doch eine Redaktion in Baden-Baden, die wohl keine wirkliche Lust hat, die exotische Welt der Pfälzer deutschlandweit publikumswirksam darzustellen.

Etwas, das in Dortmund (auch nicht gerade die schönste Stadt!), Münster oder Wien doch hervorragend klappt. Und da ist es auch kein Problem, dass die Menschen dort anders, oder gar unverständlich sprechen. Im Gegenteil. Das erhöht den Exotenbonus des Krimis.

Nicht in Ludwigshafen. Diese Stadt muss herhalten als Symbol für alles, was in der urbanen Gestaltung überall im Deutschland der Nachkriegszeit schiefgelaufen ist. Als ein *Spiegel*-Autor die Stadt 2017 aus Anlass der Beerdigung

Helmut Kohls besucht, findet er »Fassaden, vor denen man osteuropäische Agentenfilme aus den Sechzigerjahren hätte drehen können« (Ausgabe 28/2017). Schön wär's gewesen, denn solche Filme hätten hier wahrscheinlich mehr Spaß gemacht als so mancher *Tatort* aus Ludwigshafen.

Weinstraße

Auf der Autobahn 650 verlässt man die unterschätzte Metropole am Rhein und durchquert fast schnurgerade die Gemüsepfalz. Am Horizont taucht dann bald eines der schönsten Bilder auf, das die Pfalz zu bieten hat: Das schwungvolle Mittelgebirge des Pfälzerwaldes liegt in der Ebene wie ein sanftbuckeliges Riesentier. Es ist ein Anblick, der vertraut ist und Heimat verheißt, ein Anblick, den jeder kennt und doch nicht genug von ihm bekommen kann. Ein Anblick, der die heimkehrenden Pfälzer Pendler wünschen lässt, dass sie doch ein Weilchen im Stau stehen könnten, nur um dieses Bild noch intensiver betrachten zu können – und allzu oft geht ihr Wunsch auch in Erfüllung. Wie schade, dass die meisten dann keinen Sinn mehr haben für geschwungene Bergrücken mit der Verheißung des gelobten Landes der Weinstraße.

Es ist ein Landschaftbild, das in den letzten Jahren auch zahlreiche Holländer, die auf der Autobahn 61 in den Urlaub fuhren, so magnetisiert hat, dass sie nicht anders konnten, als abzubiegen und in Bad Dürkheim auf dem so perfekt benannten Campingplatz »Am Almensee« die erste Zwischenstation einzulegen auf dem Weg in die Alpen oder an die Adria. Wer also wahre, südliche Campingatmosphäre mit kommunikativen, europäischen Mitmenschen erleben will, die kleine Gärtchen um ihre Wohnwägen bauen, der braucht den gelben Nummernschildern nicht bis nach Italien zu folgen.

Hier am Rand des Pfälzerwaldes heißt diese Bergkette »Haardt«, und parallel dazu verläuft die Deutsche Weinstraße. Die Übergänge zwischen Gemüse und Wein sind fließend, aber auf einmal ist man mittendrin – im Rebenmeer. Die Region Weinstraße ist das eigentliche Herzland der touristischen Pfalz. Wein, Feste, Restaurants, Delikatessen, Weinstuben, urige Dörfer, lebenslustige Städtchen, 85 Kilometer lang und so vielfältig und abwechslungsreich, dass das ein eigenes Kapitel wert sein muss (siehe das Kapitel »Die Deutsche Weinstraße«).

Nordpfalz

Nordwestlich der Weinstraße schließt sich die Urlaubsregion »Pfälzer Bergland/Donnersberg« an. Der unentdeckteste Teil des Landes liegt irgendwie abseits von allem. Und doch gibt es hier alles, was die Pfalz als Reiseland so reizvoll macht: Wein, Wald, Berge, kleine Ortschaften und einsame Dörfer. Wären Städtchen wie Rockenhausen oder Kirchheimbolanden mit seinen mittelalterlichen Türmen und dem barocken Stadtkern weiter südlich, direkt an der Weinstraße gelegen, sie gehörten wohl zu den Hotspots des Pfalztourismus. Und neben allem steht der mächtige Donnersberg. Der ehemalige Vulkan ist die höchste Erhebung der Pfalz, landschaftlich ein absolutes Refugium mit einem archäologischen Denkmal: Auf seinem Hochplateau haben sich dereinst die Kelten breitgemacht, und wenn man heute durch den Wald wandert, begegnen einem unter jedem zweiten Laubhaufen irgendwelche Überreste dieser rätselhaften Prä-Pfälzer.

Der Donnersbergkreis mit seiner geradezu unberührten Natur wird von manchen bösen Zungen »Pfälzisch Sibirien« genannt. Positiver ausgedrückt, könnte man auch sagen, er ist die *Chill Out Zone* der Pfalz. Hier ist alles ein bisschen gemächlicher, weniger geschäftig, und von allem gibt es ein bisschen weniger: Menschen, Touristen, Autos. Wer sich vom Wochenendtreiben an der Weinstraße erholen will, kommt ins Zellertal, einem eigenen kleinen Mikrokosmos von Weindörfern an grünen Hängen mit dem alten Vulkan im Hintergrund. Ein bisschen sträubt sich der innere Privatmensch gerade, diese Zeilen zu tippen, weil er einfach nicht zu viel verraten will von dieser wunderbar ruhigen Gegend, damit das hier nicht irgendwann zur »Weinstraße II« wird – und aus ist's mit dem Zauber von »Pälzisch Sibirien«.

Südpfalz

Von Speyer bis Wörth und Bad Bergzabern erstreckt sich die Südpfalz. Optisch dominieren hier ähnlich wie in der nördlich gelegenen Vorderpfalz Gemüsefelder jeder Art, der Bienwald an der Grenze zu Frankreich, der Rhein und viele Seen und Biotope – und eine große Fabrik in Wörth, die wieder mal mit einem Superlativ aufwarten kann: Die Daimler AG betreibt hier das größte Lkw-Werk der Welt.

So liegen, wie immer in der Pfalz, Yin und Yang nebeneinander: Naturschönheit und Industrieeinheit, Romantik und Fabrik, Schlote und *Schlotten* (Frühlingszwiebeln), Streicheleinheiten für die Sinne und *»immer voll druff!«*.

Beispiel Germersheim: Hier befindet sich ein großes Depot und ein Gefahrstofflager der U. S. Army. Schöne Pfalz?

Und nur ein paar Kilometer weiter erstrecken sich am Rhein lange Altrheinarme, Biotope, Badeseen und Flußauen mit kilometerlangen Radwegen. Schöne Pfalz!

Die Südpfalz endet an der französischen Grenze oder an der Brücke nach Karlsruhe und Baden. Wer hier den Rhein überquert, kommt zurück *mit geele Fieß* (mit gelben Füßen). Seit 1900 werden die Badener wohl wegen des vorherrschenden Gelb in ihrem Wappen oder den gelben Gamaschen des Badischen Regiments im 18. Jahrhundert von ihren pfälzischen (und übrigens auch schwäbischen) Antipoden als »*Geelfießler*« bezeichnet, was die gelassener hinnehmen als das weitaus negativer besetzte und deshalb auch öfter benutzte »Badenser« statt des korrekten »Badener«. Warum dieses kleine, eingefügte »s« so schlimm ist für einen Menschen aus Baden, ist inzwischen nicht mehr zu erklären, zeigt aber, wie sensibel das freundschaftlich ritualisierte Feindschaftsverhältnis deutscher Stämme bisweilen sein kann.

Westpfalz

Am besten bahnt man sich den Weg in die Westpfalz durch eines der Täler, die von der Weinstraße in den Wald führen, zum Beispiel von Bad Dürkheim kommend Richtung Kaiserslautern, dem Weg des Flüsschens Isenach folgend, um dann nach mehreren Weilern und Mühlen, Wanderparkplätzen, dem idyllischen Isenachweiher mit Ruderbootverleih, zwei Papierfabriken, zwei Ruheforsten und dichtestem Mischwald inmitten der US-amerikanischen Kasernenlandschaft Kaiserslauterns zu landen. Wenn man es nicht gewusst hätte, es wäre ein Schock. Auf einmal werden die romantischen Waldgeschichten der durch dunklen Forst auf der Suche nach dem nächsten Einkehr-Schoppen wandernden Pfälzer abrupt abgelöst durch Stacheldraht und Warnschilder.

Seit über 70 Jahren prägen die Amerikaner diese Stadt und ihre Umgebung. Direkt nach dem zweiten Weltkrieg waren sie Sieger und Besatzer. Heute darf man sie natürlich nicht mehr so nennen, denn ihre Anwesenheit ist politisch gewollt und von den meisten Leuten hier schulterzuckend wie eine Art unabwendbares Schicksal hingenommen.

Neben Amis und dem tradtionsbewussten Fußballclub FCK hat Kaiserslautern, mit rund 100 000 Einwohnern die zweitgrößte Stadt der Pfalz, schon noch einiges mehr zu bieten. Universität, Opel-Werk, »Digitale Stadt« … Auch hier wurde, ähnlich wie in Ludwigshafen eine *Mall* mitten in die Stadt gestellt, was die Atmosphäre und die Qualität des Einzelhandels in der Innenstadt nicht unbedingt verbessert hat. Aber das wissen wir ja alles schon von woandersher, warum soll es ausgerechnet hier besser sein?

Konzentrieren wir uns also lieber auf etwas Aufregenderes, typisch Pfälzisches: Ramstein. Die Amis prägen nämlich auch das Gebiet westlich von ihrer Kaiserslauterner *K-Town*. Schon bei der Durchreise Richtung Frankreich sieht man an diesem Streckenabschnitt der A6 den Wald oft vor lauter Stacheldraht nicht mehr. Ramstein ist der größte Militärflugplatz der USA außerhalb Nordamerikas. Ein Monster inmitten des größten zusammenhängenden Waldgebietes Deutschlands. Ein Superlativ folgt dem anderen. Und es tut einigermaßen weh, beide in einem Atemzug aussprechen zu wollen. Wer hier wohnt, weiß, was es heißt, von einer Supermacht beschützt zu werden. Besonders in der Luft. Fluglärm ist ein massiver Störfaktor.

Die Einheimischen hier scheinen sich allerdings damit abgefunden zu haben, ganz entgegen dem Klischee, dass der Pfälzer bei jeder Gelegenheit die *Gosch* aufreißt. Hier regt sich erstaunlich wenig Widerstand gegen Umweltzerstörung und Militarisierung. Zu übermächtig, zu voluminös ist diese Präsenz mit all ihren Extremen: der größte Flughafen, das größte Munitionsdepot, das größte Militärkrankenhaus – aber all das kann man dank der Autobahn links und rechts liegen lassen.

Und hat man dann endlich diese für die westliche Pfalz seit Jahrzehnten stets präsente Militärmaschinerie hinter sich, wird die Landschaft wieder abwechslungsreicher, der

Wald weicht ein bisschen zurück, ganz so, als wolle er jetzt wieder den freien Blick auf die Szenerie zulassen.

Wendet man sich in nördliche Richtung, kommt man nach Kusel, ins Kuseler Musikantenland mit einer der größten Festungsanlagen Deutschlands, Burg Lichtenberg. Hier trifft sich alles, was die Westpfalz zu bieten hat: Einheimische auf Sonntagsausflug, Vorderpfälzer Tagesbesucher auf Entdeckungstour, US-Soldaten in Zivil und friedlich mit Kind und Kegel, Touristen aus anderen deutschen Landen, Holländer auf Durchreise usw.

Im Süden liegt Zweibrücken mit einem weiteren wunderschönen Pfälzer »Yin und Yang«: einem der größten Gärten Europas mit 50 000 Rosen und einem Outlet-Center mit 2600 Parkplätzen.

Und wenn man es wagt, von hier weiter nach Westen vorzudringen, dann … überquert man unweigerlich die Grenze zum Saarland. Hier stehen lustige Schilder mit Sprüchen, für die Werbeagenturen wahrscheinlich auch noch viel Geld bekommen haben:

»Saarland. Großes entsteht immer im Kleinen.« Oder: »Saarland. Schön, dass du da bist.«

Beim Anblick dieser Schilder ist es erlaubt, auf der Autobahn zu wenden – so geht ein Standardwitz. Bis jetzt hat es wohl aber noch keiner in die Tat umgesetzt – denn der Weg nach Paris führt nun mal durchs Saarland.

Südwestpfalz

Auch wenn eine Steigerung schwer vorstellbar ist: Hier in der südwestlichsten Ecke Deutschlands und der Pfalz, im Wasgau, wird die Pfalz so richtig geheimnisvoll und wild und noch waldiger als sonstwo. Und französischer. Denn die Grenze ist überall so nah. Manchmal merkt man gar nicht, dass man sie überquert hat.

Da, wo sich unsere Vorväter einst die Köpfe einschlugen, posiert man heute gerne breitbeinig neben einem Grenzstein mit einem Fuß auf pfälzisch-deutschem und dem anderen auf elsässisch-französischem Boden.

Geprägt durch riesige Sandsteinfelsen, die überall aus dem dichten Wald ragen und so schöne Namen wie Jungfernsprung oder Teufelstisch tragen, präsentiert sich das Felsenland als sprichwörtliches Urlaubsparadies, mit Wanderwegen, einigen Seen, und spektakulären Burgruinen. Ein paar weit auseinanderliegende Dörfer, Wiesen, Wald, Bachläufe, Biotope, ein Biobauernhof mit berühmtem Kletterfelsen und Naturcampingplatz ... es ist manchmal wirklich fast zu idyllisch, um wahr zu sein.

Die größte Stadt Pirmasens dagegen leidet unter dem Strukturwandel. Hier war bis in die Siebzigerjahre das Zentrum der deutschen Schuhindustrie. Heute kämpft man trotz der gemütlichen Innenstadt um den Anschluss an Touristenströme und Arbeitsplätze.

Zwanzig Kilometer davon entfernt liegt Dahn, eine charmante Kleinstadt mit guter Hotellerie und dem 15 Kilometer langen »Dahner Felsenpfad«, dem wohl spektakulärsten Wanderweg, den die Pfalz zu bieten hat. Dazu noch ein paar Burgen dies- und jenseits der französischen Grenze: Lindelbrunn, Drachenfels, die Burgengruppe Altdahn, Grafendahn, Tanstein und die vierfache Burgengruppe an der deutsch-französischen Grenze mit Wegelnburg, Hohenburg, Löwenstein und Fleckenstein. Ein Eldorado für Wanderer, Naturliebhaber und Ritter-Romantiker jeden Alters.

Sehens- und Merkwürdigkeiten

Vom Weltkulturerbe bis nach Haßloch

Die Pfalz – gelobtes Land, Naturland, Weinland, Flussland, Waldland, Felsenland, Keltenland, Kaiserland, Niemandsland … Auf relativ kleinem Gebiet kann man hier ganz verschiedene Erfahrungen machen, für die man sonst oder woanders weit reisen müsste. Dazu gibt es natürlich die offensichtlichen und offiziellen Sehenswürdigkeiten, über die in Reiseführern anderer Art bereits ausführlich geschrieben wurde samt detaillierter Schilderung der Öffnungszeiten und Höhe der Eintrittsgelder. Damit diese Gebrauchsanweisung sich später zwar gerne der Unvollständigkeit bezichtigen lassen kann, nicht aber der bewussten Unterlassung, seien diese Sehenswürdigkeiten hier zumindest aufgelistet. *Alla hopp!*

Speyer und drumherum

Natürlich sollte man den Dom zu Speyer gesehen haben. Nicht nur, weil man UNESCO-Weltkulturerbestätten gerne abhakt. Sondern, weil es ein tausend Jahre altes Erlebnis ist – auch für Kirchenmuffel und Kathedralen-Gelangweilte. Riesige Kirchen gibt es zwar anderswo auch, aber das schmucklos glatte, romanische Mauerwerk macht die Ausmaße dieses Gebäudes erst so richtig beeindruckend, weil nichts von den steil nach oben ragenden Mauern ablenkt. Erstmals seit der Antike gelang hier auch wieder die Überwölbung der Seitenschiffe und später des Mittelschiffes. Dadurch entstand ein völlig neues, hochstrebendes Raumgefühl, das einen auch heute noch packt. Der Speyerer Dom ist der größte romanische Kirchenbau der Welt und schon seit 1981 UNESCO-Weltkulturerbe. Er enthält die Gräber der salischen Kaiser. Konrad II. war es, der 1025 mit dem Bau begann. Mit einer ähnlichen Bescheidenheit ausgestattet wie die meisten Pfälzer heute auch noch, wollte er die größte Kirche des Abendlandes errichten. Speyer war damals ein winziges Nest mit ein paar Hundert Einwohnern. Auch heute wirkt der Dom immer noch einigermaßen gigantisch in der nur rund 50 000 Einwohner zählenden Stadt.

Es ist auch die Lage, die dieses Bauwerk so beeindruckend macht. Es steht nicht, wie so viele Kirchen, in der Mitte der Stadt, sondern ganz am Rand, zum Rhein hin. Am schönsten ist es deshalb, wenn man sich Speyer von der rechten, kurpfälzischen Rheinseite nähert. So mächtig hat man selten eine Kirche erlebt, die hier quasi wie ein großer Dampfer am Flussufer liegt und ihre vier Türme in die Luft streckt.

Man merkt, dass es hier beim Bau vor rund tausend Jahren weniger um Gott als mehr um den Kaiser ging, der dem Papst in Rom mal zeigen wollte, wo *der salische Bartel den Moscht holt*. Dass aus diesem steingewordenen Imponiergehabe eine der beeindruckendsten Kathedralen der Welt wurde, damit können die Speyerer heute sehr gut leben, macht es doch ihre Stadt zu einer bedeutenden Reisedestination für Menschen aus aller Welt. Wie gut, dass Speyer noch mehr zu bieten hat als nur eine große Kirche.

Ein mittelalterliches, jüdisches Ritualbad oder die Ruine der jüdischen Synagoge zum Beispiel. Letztere ist auch gleichzeitig verantwortlich für den kompliziertesten Superlativ, den die Stadt zu bieten hat, ist sie doch »der älteste aufrecht stehende jüdische Kultbau in Mitteleuropa aus dem Mittelalter«.

Dazu kommt außerdem das historische Rathaus, das alte Stadttor, das Technikmuseum, das mit mehreren, in Domnähe geparkten Großflugzeugen einen schönen Kontrast bildet zu all der alten Geschichtsträchtigkeit. Gegenüber vom Dom liegt auch das Historische Museum der Pfalz, das sich mit wechselnden Ausstellungen immer wieder neu erfindet und einen der schönsten Superlative für Weinliebhaber enthält: Hier lagert der älteste erhalten gebliebene Traubenwein der Welt aus dem Jahr 325 nach Christus, der in einer grünlich-gelben, zylinderförmigen Glasflasche mit zwei angesetzten Henkeln in Delfinform aufbewahrt wird. Diese Amphora wurde 1867 bei Speyer gefunden und ist nun der ganze Stolz des Museums und pfälzischer Weintrinker mit Geschichtsbewusstsein. Eine römische Spätlese als Vorfahre von »Zum Wohl. Die Pfalz«. Womit wir wieder bei den römischen Vorfahren der heutigen Pfälzer wären. Wer sich aus dem Dom kommend in der Maximilianstraße und den angrenzenden Gässchen treiben lässt, der merkt auch hier, warum Pfälzer die wahren Südländer Deutschlands sind. Straßencafés, Palmen, gestikulierende Eingeborene. Irgendwie kommt man sich vor wie … aber das hatten wir ja schon.

Um die Kirchengeschichte wenigstens in einem Satz zu vervollständigen: Weiter flussabwärts, den Rhein hinunter, stehen in Worms und Mainz zwei weitere romanische Dome, die zusammen ein einzigartiges Ensemble ergeben, das nicht nur Kathedralen-Liebhaber sicher gerne »abklappern« werden (auch wenn sie dafür die Grenze nach Rheinhessen überqueren müssen).

Um die Liste mit den UNESCO-Weltkulturerbestätten der Region gleich hier zu vervollständigen, zwei weitere liegen jenseits des Rheins: im kurpfälzischen Heidelberg ist die Altstadt mit der Alten Brücke und dem Schloss ein weltberühmtes Postkartenmotiv, das aber in echt noch viel schöner und wegen der vielen Touristen aus Japan, Bayern und sontstwo vor allem unterhaltsamer ist.

Rund 30 Kilometer nordwestlich, in der südhessischen Kleinstadt Lorsch stehen die Überreste des Klosters, eigentlich nur die karolingische Torhalle und einige Mauerreste, die aber baugeschichtlich sehr bedeutend sind. Hier wurden der »Lorscher Codex«, eines der bedeutendsten mittelalterlichen Manuskripte der deutschen Geschichte, und das »Lorscher Arzneibuch« (von 800 nach Christus, eines der ältesten Bücher zur Klostermedizin) aufbewahrt, wovon man aber als Besucher heute nicht mehr viel hat, weil diese Stücke inzwischen im Vatikan bzw. in Bamberg sind.

Ähnlich wichtig für die deutsche Geschichte ist auch die Reichsburg Trifels oberhalb von Annweiler in der Nähe der Südlichen Weinstraße. Erbaut um 1081 hatte sie zwei Jahrhunderte lang den Status der Reichsburg. Hier lagerten die Reichskleinodien des »Heiligen Römischen Reiches Deutscher Nation«, heute allerdings nur noch ihre Kopien, die Originale sind in der Wiener Hofburg zu besichtigen. Für die Geschichte der Adelsgeschlechter der Salier, Staufer und Wittelsbacher ist diese pfälzische Burg von enormer Wichtigkeit. Ausnahmsweise wurde die Originalburg nicht von den Franzosen zerstört, sondern erst 1602 durch einen Blitzschlag, danach dem Verfall preisgegeben und von der örtlichen Bevölkerung als Steinbruch benutzt. Ab 1841 begann der Wiederaufbau durch das Königreich Bayern, zu dem die Pfalz damals gehörte. Leider fanden auch die Nazis Gefallen an der geschichtsträchtigen Burg und bauten sie als Fantasie-Rekonstruktion im Stil einer süditalienischen Kastellburg als »nationale Weihestätte« wieder auf. Nach dem Ende des zweiten Weltkriegs wurde eine historische Rekonstruktion begonnen, die sich samt einem weiteren

Ausbau von den Fünfziger- bis in die Siebzigerjahre hinzog. So ist der Trifels heute ein Stein gewordenes Museum deutscher Geschichte und ihrer sich wandelnden Interpretation durch die Jahrhunderte.

Dazu kommt, dass ausgerechnet einer der berühmtesten Ritter überhaupt, der englische König Richard Löwenherz, 1193 hier gefangen gehalten wurde. Insgesamt waren es zwar nur drei Wochen, aber diese Geschichte erhöht natürlich den Show-Faktor des Trifels enorm. Ganz zu schweigen von der sagenhaften Landschaft, in der die Burg nicht alleine steht, sondern als Burgensemble. Auf drei allein stehenden Sandsteinfelsen erheben sich im Tal der Queich neben der Reichsburg noch die Ruinen seiner Schwesterburgen Anebos und Scharfenberg (genannt »die Münz«). Und nur knapp vier Kilometer weiter bei Eschbach steht die Madenburg, umgeben von grünstem Pfälzerwald.

Hambacher Schloss

Und wenn wir bei Burgen und deren Bedeutung für die deutsche Geschichte sind, dann hat die Pfalz mit dem Hambacher Schloss eines der wichtigsten Monumente aufzuweisen. Es liegt weithin sichtbar (und für heimwehkranke Pfälzer als Lichtblick schon von Weitem von der Autobahn 65 erkennbar) am Hang des Haardt-Gebirges südlich von Neustadt. Der kleine Weinort Hambach wurde 1969 von Neustadt eingemeindet. Winzerhäuser, kleine Plätze, enge Gassen, die sich den Hang hinaufziehen – hier läuft das pfälzische Weinstraßenidyll zu Hochform auf. Auch wenn die Bewohner sich hie und da zu Recht genervt zeigen, weil sich wieder einmal ein auswärtiges Auto auf dem Weg zum Schloss nicht an die Beschilderung gehalten hat und in einer der engen Gassen stecken geblieben ist. Denn hoch wollen sie alle.

Schon damals, 1832, als das Hambacher Fest die deutsche Geschichte vorwärtstrieb. Neben der Frankfurter Paulskirche gilt es heute als wichtigstes Symbol der deutschen Demokratiebewegung.

Im Mittelalter war das Ganze zunächst als Burg angelegt und erfuhr dann das übliche Schicksal derartiger Bauwerke: Irgendwann gehen sie kaputt, was so gut wie nie an der doch beachtlich stabilen Bausubstanz lag, sondern an feindlich gesinnten Menschen anderer Länder. Zur Zeit der bayrischen Pfalz wurde die Ruine dann König Maximilian II. als Hochzeitsgeschenk übergeben (im Volksmund deshalb auch Maxburg genannt), der sie ab 1842 schlossartig ausbauen ließ, aber nie ganz fertig wurde damit, unter anderem, weil 1848/49 wieder mal ein paar revolutionäre Burschen dazwischenfunkten.

Heute, nach mehreren, teilweise sehr aufwändigen und oft auch kontrovers diskutierten Renovierungen präsentiert sich das Hambacher Schloss als Tagungs- und Veranstaltungsstätte mit Restaurant und natürlich einem Museum zum Hambacher Fest 1832 und seiner Bedeutung für die demokratische Entwicklung Deutschlands.

Im Prinzip lohnt sich ein Ausflug hier hinauf schon allein wegen der atemberaubenden Aussicht auf die Rheinebene, hinüber zum Odenwald und Heidelberg und hinunter zum Schwarzwald. Und direkt unter einem das pfälzische Rebenmeer. Da schnappt der Kabarettist gerne mal einen schönen Spruch staunender norddeutscher Besucher auf: »Das ist alles Wein? Und wer soll das alles trinken?!« – Spätestens nachdem sie auf ihrem ersten pfälzischen Weinfest gewesen sind, werden die Touristen das nicht mehr fragen.

Auch die Revolutionäre des Hambacher Festes hätten so einen Spruch wohl mit Kopfschütteln quittiert. Denn die meisten von ihnen waren Pfälzer und Badener und als solche äußerst trinkfest unterwegs. Erst wurde gewandert, von Neustadt hinauf auf die Maxburg, und dort wurde den pfälzischen Lieblingsbeschäftigungen gefrönt: Es wurde getrunken und gebabbelt und getrunken und gebabbelt usw. Kein Wunder, dass die Teilnehmer danach so beflügelt waren, dass sie gleich mal die Republik ausriefen und die Demokratie einführten, weil sie sich so frei fühlten wie nie zuvor. Leider sahen das die Behörden des Königreichs Bayern nicht so, von denen die Pfalz damals beherrscht wurde. Also musste diese bezorzugte Staatsform noch ein bisschen warten. Trotzdem: Nach all dem, was wir über die hiesige Mentalität bereits erfahren haben, ist es kein Wunder, dass die Grundidee von freudetrunkenen und lebenslustigen Pfälzern kam, samt anderer infizierter Freiheitsliebender.

Eine der vielen Legenden rund um das Hambacher Fest soll an dieser Stelle noch erzählt werden, weil sie am besten beschreibt, wie paradox Geschichte verlaufen kann. Unter all den Rednern war damals auch Johannes Fitz aus Dürkheim, der als Kaufmann und Stadtrat das Fest mit organisiert hatte. Etwa 500 Dürkheimer kamen nach Hambach, darunter viele Winzer, die eine Fahne trugen mit der Aufschrift »Die Weinbauren müssen Trauren«, was sich gegen die hohen Abgaben an die bayerische Regierung richtete. Nach mehreren als staatsfeindlich eingestuften Aktionen, darunter die spektakuläre Befreiung des demokratischen Publizisten Jacob Venedey aus dem Frankenthaler Gefängnis, musste Fitz dem behördlichen Druck weichen und floh nach Frankreich. Dort lernte er in der Champagne die Kunst der Schaumweinherstellung und brachte sie später in die Pfalz, wo sein Cousin ein Weingut betrieb und die neue Technik sogleich ausprobierte. Der 1840 vorgestellte »Moussirende Haardt-Gebirgswein« war einer der ersten deutschen Sekte. Der Winzer Georg Peter Fitz erhielt daraufhin den Verdienstorden des bayerischen Königs. Paradoxerweise wurde damit aber auch sein Cousin, der Staatsfeind Johannes Fitz, geehrt. Der hatte die Sektherstellung ja erst dadurch kennengelernt, dass er von eben jener Regierung zeitweilig ins französische Exil gezwungen wurde. Heute gibt es das Weingut Fitz-Ritter in Bad Dürkheim übrigens immer noch, und die junge Generation ehrt den Vorkämpfer durch einen eigenen Rotwein mit dem schönen Namen »Revoluzzer«.

So schließt sich der Kreis mit dem stets lebendigen, rebellisch-philosophischen Geist des Weins. Das Hambacher Fest ist also nicht nur ein Symbol für die deutsche Demokratiebewegung, sondern steht auch für den Kampf der Pfälzer gegen die repressive bayerische Verwaltung, die das Gebiet links des Rheins behandelte wie eine kleine Kolonie.

Villa Ludwigshöhe

Bayernkönig Ludwig I. war damals an der Macht. Um den rebellischen Pfälzern einigermaßen beizukommen, beschloss er, sich fortan mehr um den kleinen Wurmfortsatz zu kümmern, die der Wiener Kongress 1815 seinem Königreich zugeschachert hatte. Er forcierte einige Bauten wie den nach ihm benannten Hafen am Rhein, Ludwigshafen, ließ von dort eine Eisenbahnlinie bis ins Saarland bauen, beschloss den Ausbau der Festung Germersheim und die Restaurierung des Speyerer Doms. Darüber hinaus plante Ludwig den Bau eines Sommersitzes am Haardthang südlich von Neustadt zwischen Wald und Wein direkt über dem Ort Edenkoben.

Solche Bautätigkeiten waren immer auch Machtdemonstration. Letztendlich war es der königliche Versuch, in einem Land des Aufruhrs die feudale Ordnung zu stabilisieren.

Wie wir wissen, ließen sich die Pfälzer und ihre badischen Brüder auf der anderen Rheinseite dadurch nicht lange beruhigen.

1846 gab der König den Auftrag für den Bau seiner Sommerresidenz im italienischen Stil, was damals schon zum mediterranen Ambiente der Pfalz passte. Warum keine Gartenanlage oder Park geplant werden sollte, beantwortete der König laut Überlieferung so: Ein besonderer Garten sei überflüssig, alles Land ringsumher sei, so weit das Auge reicht, ein großer Garten.

So ist das übrigens bis heute. Und wie so oft, schafft sich die Geschichte ihre eigene überraschende Pointe. Nicht die weinseligen Revoluzzer aus der Pfalz, sondern die bierseligen, braven Bayern ließen den Thron ihres Herrschers 1848 wackeln. Auslöser eines kleinen Volksaufstandes war die Liebschaft des Königs zu einer ausländischen Tänzerin namens Lola Montez. Ludwig I. musste abdanken.

Der zunächst unterbrochene Bau der pfälzischen Sommerresidenz ging danach nur langsam weiter, weil das Ganze nun privat finanziert werden musste. Und letztendlich wurde es dann zu einem wahrscheinlich äußerst spärlich möblierten Sommerpalais für einen bayerischen König a. D.

Heute gehört die Villa Ludwigshöhe dem Land Rheinland-Pfalz, die historischen Räume können mit Führung besichtigt werden. Außerdem wird hier mit wechselnden Ausstellungen das Werk Max Slevogts präsentiert, dem in Bayern geborenen Maler, der als Wahlpfälzer seine neue Heimat immer wieder meisterhaft auf der Leinwand verewigte.

Burgen

Dass man in der Pfalz alle paar Kilometer auf eine Burg treffen kann, wurde bereits in vorangegangenen Kapiteln erwähnt. Deshalb soll hier die lockere Auflistung einiger spektakulärer Bauwerke genügen – ohne Anspruch auf Vollständigkeit:

Burg Lichtenberg (bei Kusel), Burg Nanstein (bei Landstuhl) – zwei geradezu gigantische Burganlagen in der westlichen Pfalz mit Schänke, Holzschwert-Ritterromantik und US-Soldaten auf Family-Weekend-Ausflug.

An der Weinstraße in Bad Dürkheim liegt die Klosterruine Limburg. Es geht die Legende, dass der salische Kaiser Konrad II. an einem Tag im Jahr 1025 erst den Grundstein für die Limburg legte, um dann mitsamt Gefolge nach Speyer zu reiten, um dort das Gleiche für den Dom zu tun. Auch wenn das wahrscheinlich historisch nicht nachzuweisen ist, so zeigt es doch, dass beide Bauwerke miteinander verbunden sind – und sei es nur durch ihre beeindruckende Imposanz. Heute ist die Limburg mit dem abgebrochenen Glockenturm und dem als Open-Air-Spielstätte genutzten ehemaligen Kirchenschiff eines der schönsten Bauwerke mitsamt Naturpanorama, das es in der Pfalz zu sehen gibt.

Und nur knapp zwei Kilometer weiter hinein in den Wald im Isenach-Tal erhebt sich mit der Hardenburg schon die nächste, eine der mächtigsten Anlagen der Pfalz.

Nicht unerwähnt bleiben darf auch Wachtenburg oberhalb von Wachenheim an der Weinstraße. Sie ist zwar um einiges kleiner als die anderen, bisher aufgezählten Festungen, hat aber andere Vorzüge. Ihre Schenke mitsamt dem terrassenartigen Freigelände ist eines der beliebtesten Einkehrziele der Region und dient auch als Mittelpunkt eines eigenen »Burg- und Weinfestes«, das alljährlich im Juni stattfindet. Außerdem wurde die Wachtenburg von der Grafikabteilung eines großen Verlags in München als so pittoresk und typisch pfälzisch angesehen, dass sie auserkoren wurde, das Cover dieses Büchleins zu zieren (natürlich mit ausdrücklicher Zustimmung des Autors, der nur drei Kilometer Luftlinie entfernt leben darf). Um der wirklich flächendeckenden Ausstattung der Pfalz mit diesen edlen Bauwerken gerecht zu werden, folgen weiter unten noch weitere Erwähnungen bedeutender Burgen.

Wer lieber gleich eine ganze Festung besichtigen will, geht nach Germersheim. Die Südpfälzer Stadt, direkt am Rhein gelegen, ist mit Landau im 19. Jahrhundert vom bayerischen Kriegsministerium zur Festung ausgebaut worden, um befürchteten französischen Angriffen auf die Pfalz zu trotzen. Kurioserweise war die Anlage schon bei ihrer Fertigstellung 1855 veraltet und hätte der weiterentwickelten Kriegstechnik nicht mehr standgehalten. Was bleibt, sind dicke Mauern und beeindruckende Gebäude, die heute öffentliche Einrichtungen wie Museen, Ausstellungen, städtische Ämter oder die Hochschule beherbergen und teilweise auch Touristenattraktion sind. Führungen durch die Festungsanlagen mit Gräben, Wehrgängen und Stadttoren sind eine Zeitreise in die Jahre der bayerischen Herrschaft über die Pfalz und die ständig so als bedrohlich empfundenen Franzosen, die dann doch nicht kamen, dafür aber nach dem Zweiten Weltkrieg durch die U. S. Army ersetzt wurden.

Noch heute betreibt diese eine Basis hier und ein sogenanntes Gefahrgutlager. Im Jahr 2017 stellten die Amerikaner plötzlich den Antrag, die bestehende Deponie von bisher 70 Tonnen Kapazität auf im wahrsten Sinne des Wortes Atem-beraubende 1900 Tonnen zu erweitern, um die »NATO-Verantwortung« zu erfüllen.

Nach anfänglichem, ungläubigem Schweigen berappelten sich die Germersheimer und die umliegenden Gemeinden und gründeten eine Bürgerinitiative. Leider hat man schon öfter erfahren müssen, wie schnell die deutsche Bürokratie mit vorauseilendem Gehorsam manchmal Genehmigungen für die amerikanischen Beschützer erteilt … Bleibt zu hoffen, dass die Pfälzer in diesem schönen Landkreis sich ihrer historischen, rebellischen Wurzeln besinnen und weiteren Umweltwahnsinn verhindern, damit Germersheim weiterhin eine Stadt bleibt, die mit historischen Militärbauten ganz friedlich und sauber punkten kann. Schön ist es rund um die Stadt in den Auen und Altrheinarmen am großen Fluss allemal.

Ortschaften

Auch kleinere Städte können für sich eine einzige Sehenswürdigkeit darstellen. Freinsheim mit seiner mittelalterlichen Stadtmauer und den barocken Häusern und Kirchheimbolanden mit seiner ebenfalls barocken Altstadt, den fünf Türmen und der Mozartorgel in der Paulskirche sind beides kleinstädtische Gesamtkunstwerke. Oder Neuleiningen, das am Rand des Mittelgebirgszugs Haardt im Leininger Land in der Nähe der Weinstraße auf einem Hügel thront wie ein mittelalterlicher Ort in Italien. Wer hier durch die Gassen läuft und vergisst, dass die A6 sich leider direkt neben dem Ort durch den Wald schneidet, der muss wieder einmal an die italienische Region denken, mit der die Pfalz so gerne verglichen wird. Denn wo sonst noch gibt es mittelalterliche Dörfer auf Hügeln mitsamt Michelin-Sterne-Lokal und Burgruine?!

Ausflug: Haßloch, die besondere Erlebenswürdigkeit

Man tut Haßloch, einem 20 000 Einwohner zählenden Ort in der Nähe von Neustadt, sicher nicht Unrecht, wenn man erst mal konstatiert, dass hier keine besonders wichtige Sehenswürdigkeit zu finden ist. Die meisten werden »das größte Dorf Deutschlands« auf ihrem Weg über die A65 an die Weinstraße links liegen lassen, zwischen Gemüseäckern und einem ausgedehnten Waldgebiet. Ein Grund für einen Besuch wäre allerdings der Holiday Park, mit einer der größten Achterbahnen in Europa, die *Expedition GeForce*.

Skurrile Information am Rande: Der Freizeitpark entstand aus einem Märchenpark, in dem sich unter anderem auch ein »Liliputanerdorf« befand, das bis in die Mitte der Neunzigerjahre existierte und aus mehreren einsehbaren Wohnwagen bestand, die von Kleinwüchsigen bewohnt wurden.

Ansonsten ist Haßloch ein großes Dorf, das größte Deutschlands. Und die Tatsache, dass es auf den ersten Blick nichts Besonderes darstellt, ist genau das Besondere. Haßloch ist das durchschnittlichste Dorf in Deutschland. Auch wenn man das bei Pfälzern eigentlich nicht vermuten sollte, die sich ja gerne aus dem Mainstream hervorheben möchten: in Haßloch ist alles so wie in Deutschland im Allgemeinen – nur auf kleinerem, überschaubarem Raum.

Irgendwann vor 30 Jahren hat die Gesellschaft für Konsumforschung ihr Eldorado der Durschnittlichkeit entdeckt, und es hieß Haßloch, ein perfekter deutscher Ort: nicht Dorf, nicht Stadt, mit einer Bevölkerungsstruktur, die dem deutschen Durchschnitt sehr nahe kommt, was Alter, die Verteilung der sozialen Schichten betrifft, bestehende Infrastruktur usw. Hier vermeinen die Konsumforscher ablesen zu können, was der Deutsche an sich so denkt, fühlt und vor allem: kauft.

Das Ganze wird in der überregionalen Presse manchmal gerne als »Experiment« dargestellt, an dem die armen Haßlocher Einwohner mehr oder weniger unfreiwillig teilnehmen, ohne zu wissen, dass sie von außen gesteuert und beobachtet werden, eine Art pfälzische Version des Hollywoodfilms »Die Truman Show«. In Wirklichkeit hat sich ein Drittel der Haßlocher ganz offiziell und freiwillig als Testperson gemeldet. Was bedeutet, dass sie ihren Einkauf im Supermarkt mit einer speziellen Karte registrieren lassen. In ihr Fernsehprogramm wird spezielle Werbung eingespeist, die andere nicht sehen können, und die abonnierten Zeitschriften enthalten ebenfalls spezielle Werbung. Der

Rest der Haßlocher bekommt also von diesem angeblichen Experiment nichts mit, außer dem immer mal wieder aufkeimenden Interesse der Medien, so zum Beispiel bei der Landtagswahl 2016, als die AfD in Haßloch auf 18,8 Prozent kam und damit mehr als fünf Prozent über dem Landesergebnis lag. *Zeit Online* (17.3.2016) schrieb damals süffisant: »In Miniaturdeuschland hat sich die AfD schon durchgesetzt.«

Was hat Haßloch von diesem Exotenbonus, das durchschnittlichste Dorf Deutschlands zu sein? Ein bisschen mediale Aufmerksamkeit, ein paar bösartige Kommentare und immer mal wieder neuartige Produkte im Supermarkt, die hier getestet werden, bevor sie bundesweit auf den Markt kommen. Oder eben auch nicht, wenn die Haßlocher sich weigern, diese zu kaufen.

Die Frage bleibt: Sollen wir das alles glauben? Oder steckt da vielleicht mehr dahinter, als wir jemals vermuten würden. Machen die pfiffigen Haßlocher wirklich mit bei diesen Konsumforschungen? Oder tun sie nur so? Und hocken nach getaner Konsumshow bei Schoppen und Saumagen im konspirativen Keller und feixen und lachen, dass sie heute wieder mal einen neuen Schokoriegel nicht gekauft haben und diese aktuellste Errungenschaft der Süßwarenindustrie damit ganz Deutschland vorenthalten haben. So bewahrheitet sich der alte Spruch, der den zeitweiligen Pfälzer Hang zur Hybris am besten auf den Punkt bringt: *»Mir sin die Beschde – wenn die andere net da sin.«*

Der Pfälzerwald

Auf Schoppensuche durch den Dschungel

Der Pfälzerwald ist das größte zusammenhängende Waldgebiet Deutschlands – endlich mal ein schöner, sauberer, gesunder Superlativ, der zwar hie und da bei gewissen Neidern aus anderen bewaldeten Regionen angezweifelt und hinterfragt wird, aber relativ problemlos ohne Propagandaliteratur belegt werden kann.

1771 Quadratkilometer bewaldete Fläche! Im Süden lässt der Wald die Staatsgrenze einfach unbeachtet und geht in die Nordvogesen über, zusammen bilden sie das »Biosphärenreservat Pfälzerwald-Vosges du Nord« mit einer Fläche von 310 500 Hektar. Es ist eine einzigartige und wohl erhaltene Naturlandschaft, geprägt von Mischwald. Mal läuft man umgeben von hohen Kiefern auf Sandboden und meint, im nächsten Moment den Atlantik zu riechen. Mal wandert man durch dunkle Nadelwälder, als hätte man sich in den Schwarzwald verirrt. Zwischendrin ein kleiner Weiler, wo die Zeit stehen geblieben scheint, ein paar Felder, eine Burg, Sandsteinfelsen und mittendrin auch mal ein US-amerikanischer Flugplatz, den wir hier aber aus romantischen Gründen außer Acht lassen möchten (dem Umstand, dass ein militärischer Stachel in der pfälzischen

Naturidylle steckt, werden im Kapitel »Amis und Pfälzer, *hiwwe wie driwwe*« einige spezielle Zeilen gewidmet).

Insgesamt sind ein Drittel der Gesamtfläche der Pfalz von Wald bedeckt. Kein Wunder also, dass diese Naturkraft auch in der Pfälzer Seele wächst und gedeiht. Selbst die Eingeborenen, die weiter östlich in der Ebene am Rhein leben, haben zumeist einen besonderen Bezug zu dicht beieinanderstehenden Bäumen – und sei es nur der, dass es sie am Wochenende zu den Wanderparkplätzen zieht, um sich dort mit zahlreichen badischen Mitmenschen in die Büsche und unter die Bäume zu schlagen. Parkplatznöte gibt es hier kaum – außer man wählt nun gerade einen der Hotspots mit Tieren und Gehegen wie den »Kurpfalzpark« oder den »Wild- und Wanderpark Südliche Weinstraße« oder eine der vielen Burgen.

Trotz der Größe von rund 180 000 Hektar gibt es genügend Stellflächen, fast möchte man sagen, hinter jedem zweiten Eichenwäldchen ist ein Parkplatz, auf dem eine Tafel mit Rundwegen aller Art und Länge zu finden ist. Insgesamt gibt es 12 000 Kilometer ausgewiesene Wanderwege, vom 500 Meter langen »Parkplatz-Rundweg«, den es fast überall im Angebot gibt – Auto abstellen und einmal außenrum spazieren – bis hin zu Mehrtagestouren auf den drei Pfälzer Prädikatswanderwegen: dem 143 Kilometer langen »Pfälzer Waldpfad« von Kaiserslautern bis nach Schweigen an die Südliche Weinstraße; dem »Pfälzer Höhenweg«, der 114 Kilometer lang von Winnweiler über den Donnersberg bis nach Wolfstein im Landkreis Kusel in der Westpfalz führt; dem »Pfälzer Weinsteig«, auf dem man auf seinen 172 Kilometern die gesamte Weinstraße von Bockenheim im Norden bis hinunter an die französischen Grenze erwandern kann.

Wer so viele und so lange Wege zu bieten hat, der braucht natürlich eine entsprechende Infrastruktur an Rast- und Trankstellen: Ein dichtes Netz von Naturfreundehäusern mit Übernachtungsmöglichkeiten und mehr als hundert Wanderhütten des Pfälzer-Waldvereins (PWV), die hauptsächlich am Wochenende bewirtschaftet werden.

Der Pfälzer-Waldverein ist mehr als hundert Jahre alt und hat circa 30 000 Mitglieder. Er ist trotz einiger Nachwuchssorgen immer noch der heilige Gralshüter aller Pfälzer Wanderwege und -hütten. Letztendlich sorgt er auch dafür, dass die tapferen Waldläufer nicht verdursten. Wie nicht anders zu erwarten, ist das Wandern in der Pfalz nicht unbedingt und immer nur Selbstzweck. Wenn man sich schon auf den Weg macht, dann will man auf jeden Fall wissen, wohin dieser führt – und: wo man zwischendurch den Flüssigkeitshaushalt ausgleichen kann. Kaum einer wird sich anstrengen wollen, ohne genau zu wissen, wo er später einkehrt. Denn was wäre die ganze Leibesertüchtigung wert, ohne sie als Anlass zu nehmen, mit anderen Menschen das ein oder andere Glas zu leeren. Der folgende Superlativ liegt also auf der Hand: der Pfälzerwald weist die größte Hüttendichte Deutschlands auf. *En Gude un Proscht!*

Als die oft aus Freiwilligen bestehende Bewirtschaftung dieser Hütten vor ein paar Jahren durch die bundesweite Einführung des Mindestlohns in Gefahr geriet, wurde bis in die Regierungszentrale in Mainz laut darüber nachgedacht, wie eine Pfälzer Sonderregelung aussehen könnte. Der Pfälzerwald-Verein entwarf die Apokalypse mit drastischen Worten und sprach von einem bald einsetzenden Hüttensterben. Tausende Wanderer sahen sich schon einer erzwungenen Dehydrierung ausgesetzt. Aber letztendlich fand man doch einen Kompromiss, indem man die zuvor als »geringfügig beschäftigt« geführten Hüttenhelfer nun als »ehrenamtlich Tätige« deklarieren und damit den Mindestlohn umgehen und den Hungertod unzähliger Wanderer abwenden konnte.

Es ist halt immer wieder schwierig, wenn sich lockere Pfälzer Lebensart und deutsche Bürokratie aneinander reiben müssen. Das Gleiche gilt auch für Sperrstunden oder Geräuschpegelmessungen auf Weinfesten.

Klar ist, wer einmal in einer solchen Hütte im Pfälzerwald eingekehrt ist, weiß, dass die gesamte Baumfläche ohne diese Institution nur ein ganz normaler Wald, aber eben kein *Pfälzer* Wald mehr wäre. Die Hütten sind die Oasen inmitten des grünen Blätterdschungels. Dorthin pilgern alle: Einheimische und Touristen, Spaziergänger und Wanderer, Mountainbiker und Freizeithiker. Für manche wackeren Waldprofis mag eine Hütte nur eine Pausen-/Jausenstation sein, die mehr oder weniger zufällig und zur Elektrolyt-Auffüllung sinnvoll auf dem langen 25-Kilometer-Rundweg liegt.

Für die meisten aber gilt das erste pfälzische Wandergebot: Nicht der Weg ist das Ziel, sondern der Schoppen. Der Hüttenbesuch ist also der eigentliche Zweck der Bewegungsaktion, die sich Wandern nennt, mitsamt Nahrungs- und Alkoholaufnahme inmitten anderer Gleichgesinnter – also eine Art Impro-Weinfest im Wald.

Ja, es soll sogar solche »Wanderer« geben, deren einziges Auswahlkriterium die Nähe der Hütte zum Parkplatz ist. Dann bringen sie beschwerliche 300 Meter hinter sich, lassen sich dabei auch von mehreren überholenden Seniorengruppen nicht provozieren, machen es sich sodann auf der Terrasse der Pfälzer Waldvereinshütte XY-Albenstein bequem, überlassen den Autoschlüssel nach dem ersten Schoppen willig der Frau, um nach zwei Stunden wohlgemut zum Auto zurückzuschlingern, im vollen Bewusstsein des zweiten pfälzischen Wandergebotes: Wer schwankt, hat mehr vom Weg.

Das Wunderbare am größten zusammenhängenden Waldgebiet Deutschlands ist, dass man wohl mehrere Leben bräuchte, um sich einigermaßen auszukennen in den verschiedenen Winkeln dieses Naturparks. Es ist schwer, da ein paar Lieblingsplätze herauszupicken.

Im Karlstal bei Trippstadt, im Quellgebiet des Flüsschens Wieslauter bei Merzalben und im Wasgau zwischen Eppenbrunn und Obersteinbach gibt es noch urwaldähnliche »Naturwaldzellen«. Überall kleine Flüsse, Bäche und kleine Teiche oder Stauseen, *Woog* genannt (mittelhochdeutsch: Wasser). Büttelwoog, Gelterswoog, Salzwoog, Spießwoog, Wurzelwoog … Schon die Namen bringen Fantasy-Assoziationen von kleinen Fabelwesen und Waldbewohnern hervor, die es in keinem zoologischen Verzeichnis gibt (siehe das Unterkapitel »Gebrauchsanweisung: auf Elwetritsche-Jagd« weiter unten).

Etwas ganz Besonderes ist die im Südwesten der Pfalz liegende Mittelgebirgslandschaft Wasgau mit dem Dahner Felsenland. Sandige Böden erlauben hier nur eingeschränkten landwirtschaftlichen Anbau zur Selbstversorgung, sodass diese abgelegene Region viele Jahrzehnte das »Armenhaus der Pfalz« war. Heute ist es eine Gegend, die es so kaum noch gibt im dichtbesiedelten und durchorganisierten Deutschland. Fast undurchdringlicher Wald, bizarre Felsformationen und Burgruinen, Weiler, Dörfer, Teiche, freundliche Einheimische, urige Gaststätten, Klettersportler und Wanderer gehen hier eine einzigartige Symbiose ein. Immer wieder ragen Felsformationen aus dem grünen Blättermeer des Waldes. Von Weitem kann man manchmal gar nicht natürlich entstandenen Fels und von Menschen errichtete Steinhäuser auseinanderhalten, zumal beide aus demselben Material sind, dem edlen pfälzischen Buntsandstein.

Sagen und Mythen ranken sich um Felsen wie den Teufelstisch, den 70 Meter hohen Jungfernsprung, den Hochstein und die beiden Felsentürme Braut und Bräutigam – alle in der Umgebung der Stadt Dahn.

Natürlich gibt es auch hier wieder themenbezogene Wanderwege, um die Felsen zu erkunden: Rodalber Felsenwanderweg, Dahner Felsenpfad, Busenberger Holzschuhpfad oder Hauensteiner Schusterpfad (Letztere benannt zu Ehren der bis in die Siebzigerjahre überregional bedeutenden pfälzischen Schuhindustrie).

Unter dichtem Blätterdach liegen rotbraune Massive versteckt, die sich kilometerweit hinziehen wie ein versteinerter Lindwurm – die Altschlossfelsen in Eppenbrunn. Wenn man es nicht besser wüsste, könnte man denken, das Ganze sei kein Naturdenkmal, sondern das Bauwerk eines Freizeitpark-Architekten, der hier einen wunderbar abenteuerlichen Spazierweg erschaffen hat. Ein besonderer Reiz liegt auch in der Nähe zu Frankreich. Immer wieder kann es passieren, dass man bei einer Wanderung plötzlich auf einen Grenzstein trifft und dann mit einem Mal auf französischem Boden weiterläuft. Dann macht eine kleine Einkehr in einem elsässischen Lokal mit *Tarte Flambée* und einem Glas Edelzwicker eine einfache Wanderung plötzlich zu einem echten Urlaubstag.

Nirgendwo sonst findet man auf relativ kleinem Raum eine so große Dichte von auf und aus Sandstein errichteten Burgen. Allein die verschiedenen Burgruinen zu besichtigen kann mehrere Tage in Anspruch nehmen. Gerade auf französischer Seite liegen manche versteckt und ohne Parkplatzanbindung mitten im Wald, wie die Burg Fleckenstein, die Burgruine Löwenstein oder Lützelhardt bei Obersteinbach. Andere präsentieren sich samt Einkehrstation und Parkplatz als perfekte Familienausflugsziele: Altwindstein, Wasigenstein. Auf deutscher Seite könnte man zum Beispiel die Burgruine Drachenfels herausheben – diese Felsenburg macht ihrem Namen übrigens alle Ehre, steht sie doch auf zwei steilen, schmalen Sandsteinfelsen. Die Wegelnburg bei Schönau ist die höchstgelegene Burgruine der Pfalz. Eine der größten Anlagen der Region ist die Burgengruppe Altdahn, Grafendahn, Tanstein aus dem 11. Jahrhundert mit in den Fels gehauenen Kammern, Gängen und Treppen.

Man könnte der Liste der Burgen und deren Geschichte lange lauschen, und wenn sie zum Ende gelangt, dann nimmt man seinem kleinen Sohn wahrscheinlich das Holzschwert ab und rennt in den Pfälzerwald … auf direktem Weg zum Traum aller Burgen: der Burg Berwartstein bei Erlenbach, im 12. Jahrhundert erbaut und später berühmt geworden durch Hans Trapp, den legendären Raubritter, der von hier aus seine Raubzüge startete. 1591 brannte die Burg nieder, wurde aber 1893 wiederaufgebaut – zugegebenermaßen nicht ganz historisch korrekt, wie einem mancher Geschichtslehrer erklären wird, dafür aber genauso, wie man sich eine Burg im Holidaypark Pfalz vorstellt, mit Spitzdächern auf hohen Türmen, Zinnen, Ziehbrunnen und Butzenscheiben in der burgeigenen Schänke. Heute ist Berwartstein in Privatbesitz und kann nur im Rahmen einer (meist sehr unterhaltsamen) Führung besichtigt werden. Übernachten kann man hier übrigens auch und hat dann abends die ganze Burganlage quasi für sich alleine, pfälzisch-elsässischen Sonnenuntergang über endlosem Wald inklusive.

Es gibt verschiedene Wege, den Pfälzerwald zu erkunden. Der Wanderweg ist sicherlich der ökologisch sinnvollste, wenn auch nicht immer ungefährlich, wenn sich Wanderer und Mountainbiker in die Quere kommen und sich bisweilen lautstarke Wortgefechte liefern. Natürlich gibt es auch Straßen, die oft auf den Nebenstrecken so herrlich leer sind, dass man meinen könnte, man fahre irgendwo durch die französische Provinz. Motorradfahrer sind begeistert von diesen Pisten, lassen sich bei den vielen romantischen Biegungen durch den dichten Wald aber bedauerlicherweise oft genug aus der Kurve tragen. Die Strecke um Johanniskreuz, einem Weiler an einer historischen Straße gelegen, der als der geografische Mittelpunkt des Pfälzerwaldes gilt, ist leider nicht nur landschaftlich atemberaubend. Sie ist die gefährlichste Straße des Waldes und wird

seit 1994 jedes Jahr in den Sommermonaten für Motorradfahrer gesperrt, eine Maßnahme, die die Unfallzahlen kon-
stant niedrig hielt, man könnte aber auch sagen: auf andere
Strecken verlagerte.

Gleich nebenan, im Elmsteiner Tal, verläuft die Museums-
bahn »Kuckucksbähnel«, die 1909 erstmals in Betrieb genommen, 1960 für Personenverkehr eingestellt und dann
1984 wiedereröffnet wurde. Von Mai bis Oktober und im
Dezember jeweils sonntags rollt nun ein Zug mit historischen Wägen und einer Dampflok qualmend durch den
Wald von Neustadt nach Elmstein, manchmal übrigens
auch standesgemäß pfälzisch als »rollende Weinprobe«. Am
Ziel angekommen, ist man plötzlich in einer ganz anderen
Welt, einem kleinen Weiler, in einem Deutschland, das es
eigentlich nicht mehr zu geben scheint. In 75 Minuten
vom touristischen Weinrummel an der Weinstraße in den
hintersten Winkel des dunklen Waldes. Statt wie im übri-
gen Deutschland 231 Einwohner pro Quadratmeter leben
im Pfälzerwald nur 76. Und deswegen tragen die Gaststätten hier auch so klingende Namen wie »Waldesruhe«,
»Waldschlössel« oder »Stilles Tal« und »Hornesselwies«.
Und im Helmbachweiher ist das von drei Bächen kom-
mende Wasser selbst im heißesten Hochsommer so kalt wie
in einem Gletschersee. In 75 Minuten von der Toskana in
die Alpen. (Nur) in der Pfalz ist das möglich. *Kumm, geh
fort!*

Gebrauchsanweisung
Auf Elwetritsche-Jagd

Was den Bayern ihr Wolpertinger, ist den Pfälzern und
Kurpfälzern ihr *Elwetritsch*. Wer sich eine Weile hier auf-
hält, wird dem hiesigen Fabeltier zwangsläufig irgendwann begegnen. Meistens nur als Bronzefigur wie bei den

Elwetritsche-Brunnen in Neustadt oder Dahn, die bei Erwachsenen und Kindern spontane *»Gugge mol, wie goldisch!«*-Rufe und Spieltrieb auslösen. Im Allgemeinen stellt man sich das gemeine Elwetritsch als vogelähnliches Wesen vor, eine Kreuzung aus Huhn, Ente und Gans und im Wald lebenden Kobolden und Elfen. Elwetritsche haben zumeist lange Schnäbel und viele auch menschliche Attribute wie weibliche Brüste.

Bei so einem sympathischen Wesen ist es klar, dass die hiesige Fabelkultur muntere Blüten treibt: Es gibt Elwetritsch-Schnaps, -Skulpturen, -Bücher, -Lieder und -Forschungssatiren, einen -Fußball-Wanderpokal, einen -Lehrpfad (bei Dahn), ein -Museum (in Speyer). Im Landauer und im Kaiserslauterer Zoo gibt es eigens eingerichtete Gehege für Elwetritsche, ja sogar ein Hochleistungsrechner der Technischen Universität Kaiserslautern soll nach dem Fabelwesen benannt sein. Mundartdichter wie Paul Tremmel und Bildhauer wie Gernot Rumpf haben ihre künstlerischen Beiträge geleistet. Die gesamte Region huldigt diesem wunderlichen Tier. Man könnte auch sagen: In der Pfalz werden Elwetritsche ernster genommen als Politiker.

Und natürlich gibt es mehrere Vereine, die sich damit beschäftigen. Der älteste ist der 1982 in Landau gegründete »Elwetrittche-Verein«, der sich wie kaum eine andere Institution um den Artenschutz dieser Wesen verdient macht.

Immer wieder trifft man an Pfälzer Orten mit Fremdenverkehr auf das Angebot von Elwetritsch-Jagden. Offiziell gelten diese Veranstaltungen als Brauchtumspflege. Man könnte auch sagen, sie sind alkoholgetränkte Comedy-Veranstaltungen, die meistens so ablaufen: Nach dem Einführungsvortrag eines anerkannten Tritschologen, bei der sich kräftig Mut angetrunken wird, geht es hinaus in die dunkle Nacht in den Weinberg oder ins Unterholz des Waldes zur eigentlichen Jagd. Dazu werden Utensilien wie Öllampe, Stock und ein an beiden Enden offener Sack mitgeführt. Ein Elwetritsch wird dabei eigentlich nie gefangen, was diese Art von Jagd auch für Vegetarier zur einer netten Erfahrung machen kann. Zum Abschluss gibt es das obligatorische Festessen und meistens nach dem Elwetritsch benannte härtere Schnäpse zum Aufwärmen.

Jedem interessierten Besucher sei die Teilnahme an einer solchen Jagd empfohlen. Dabei erfährt er erst mal so einiges über seinesgleichen, den auswärtigen Besucher, der sich unter dem Vorwand, ein Fabeltier zu jagen, mit pfälzischen Eingeborenen verbrüdert und oftmals sturzbetrunken im Wingert (pfälzisch für Weinberg) zurückgelassen wird. Aber auch über pfälzische Ethnologie, Mentalität und Humor wird er mehr lernen, als er sich in Reiseführern anlesen könnte oder in Touristenlokalen vergebens suchen müsste.

Die Gebrauchsanweisung für diese Veranstaltung – die übrigens auf alle pfälzischen Festivitäten anwendbar ist – lautet: Finden Sie Ihren eigenen Trinkrhythmus! Merke: Auswärtige trinken Alkohol und spüren schneller seine Wirkung. Eingeborene dagegen löschen erst mal eine Weile lang ihren Durst, die Alkoholisierung findet erst später statt. Wenn Sie also das gesellige Ende der Jagd bei Speis und Trank einigermaßen bewusst miterleben wollen, dann lieber in kleinen Schlucken nippen – auch wenn die anderen kippen. Dasselbe gilt, wenn Ihnen draußen im Unterholz oder irgendwo zwischen den Rebzeilen vom Jagdleiter Schnaps angeboten wird. Auf keinen Fall ablehnen, aber lieber nur ein, zwei kleine Schlückchen nehmen, sonst kann der Rückweg unter Umständen nur im waagerechten Zu(!)-stand mit Beihilfe örtlicher Helfer angetreten werden – während hinter dem Gebüsch eigenartiges Vogelgegacker erklingt, das in keinem zoologischen Verzeichnis jemals erwähnt wurde.

Abschließend noch ein letzter Hinweis: Elwetritsche-Jagden werden in vielen Orten angeboten. Nicht alle sind gleich gut. Die Qualität der Veranstaltung steht und fällt mit dem durchführenden Tritschologen. Fehlt diesem der hintersinnige Humor (ja, auch bei manchen aus der Art geschlagenen Pfälzern kommt das bisweilen vor) oder bringt er nicht die nötige Spontaneität auf, auch auf ausgefallene Fragen stets eine wissenschaftliche Antwort parat zu haben, wird die Begeisterung schnell erlahmen – ganz besonders, wenn es draußen kalt ist und die Elwetritsche unsichtbar bleiben.

Besonders empfohlen seien an dieser Stelle die Jagden des »Elwetrittche-Vereins« in Landau. Diese sind vom Verfasser selbst geprüft und mit comedyantisch-pfälzischem Prädikat ausgezeichnet. Die Nachwirkungen für Kopf und Zwerchfell sind zwar heftig, aber es lohnt sich. Und danach ist die Welt auf einmal bunter als zuvor.

Der Rhein

Fluss, Grenze, Feuchtbiotop

Fluss, Grenze, Mittelmeerraum, Strand, Badeparadies, unüberwindbares Baustellen-Hindernis, Schifffahrtsstraße, Abwasserkanal … Der Rhein kann so vieles sein und ist so manches wohl auch gegen seinen Willen. Und doch bleibt er meistens ein sehr gelassener Strom, weil er tief in seinem feuchten Herzen ein echter Pfälzer ist. Lange benannten diese sogar ihren Wein nach ihm. Die alte Bezeichnung des Anbaugebiets »Rheinpfalz« wurde erst 1993 in das konkretere »Pfalz« geändert wegen häufiger Verwechslungsgefahr mit »Rheingau« oder »Rheinhessen«.

Rückblende ins Jahr 1803, zum sogenannten Reichsdeputationshauptschluss: die große Kurpfalz wird mit ein paar Federstrichen einfach zerschnitten, der rechtsrheinische Teil um Mannheim und Heidelberg zum Großherzogtum Baden geschlagen und die linksrheinischen Gebiete später dem Königreich Bayern als »Rheinkreis« zugeteilt. Und auf einmal sollte der Rhein, der arme Strom, der vorher so einnehmend und großspurig durch dieses Land geflossen war, nichts mehr sein als eine Grenze. Doch noch hatte er keine Lust, das schöne, ruhmreiche Kurfürstentum der Pfalz einfach in sauber getrennte Filetstückchen zu zerschneiden. Immer wieder, je nach Wasserstand, änderte der Strom glucksend den Grenzverlauf, ein mäanderndes Wasser-Ungetüm, das sich je nach Volumen mal mehr, mal weniger kurvig und sumpfig durch die Oberrheinische Tiefebene schlängelte. Immer wieder mussten die Grenzen zwischen Baden und Frankreich und Bayern neu vermessen werden. Ja, wenn Menschen etwas Unsinniges tun, können Flüsse durchaus subversiv werden, sobald ihnen das Wasser bis zum Hals steht.

Der arme Strom musste also gezähmt, umgebettet und begradigt werden. Johann Gottfried Tulla (der den meisten wohl nur als Namensgeber von Gymnasien bekannt ist) hatte die Idee dazu. Er überzeugte durch persönlichen Einsatz die Regierungen davon, dass alle ihren Vorteil davon hätten, wenn der wilde Fluss schön ordentlich in ein Bett verbannt würde. Klar, dass so einer kein *Laissez-faire*-Pfälzer sein konnte, sondern ein Badener aus Karlsruhe. Ab 1817 begann Tulla die Flusskrümmungen zu durchstechen und damit einen möglichst geraden Verlauf des Flusses herzustellen. So wurde aus einem Strom eine Straße – schiffbar bis Basel. Man macht sich heute keine Vorstellung mehr davon, welche Auswirkungen diese gigantomanische Aktion nach sich zog. Wälder wurden abgeholzt, ganze Dörfer, die sich gegen die Pläne und ihr programmiertes Verschwinden auflehnten, wurden militärisch »befriedet« und ihre Bewohner zu Hand- und Spanndiensten zwangsverpflichtet.

Die abgeschnittenen Wasserarme, die damals übrig blieben, bilden heute eine der Naturattraktionen der Pfalz: Die wunderbare Landschaft des Altrheins mit grünen Naturkanälen, verschwiegenen Angelgründen, Biotopen und Strandbädern, Auen, die anmuten wie ein Urwald. Eigentlich ist der Altrhein das Meer, das den Pfälzern noch fehlt, um die Illusion von der mediterranen Landschaft mitten in Deutschland perfekt zu machen. Deshalb nennen sie mit ihrem seltsamen Hang zur Bescheidenheit eines dieser Seengebiete die »Blaue Adria«. Und im Sommer kommt es einem wirklich so vor, mit den voll besetzten Campingplätzen, den Handtuchparaden auf der Liegewiese und abendlichen Grillorgien. Hier wimmelt es von Dauercampern, von denen sich viele dann allerdings nicht südländisch locker, sondern eher als ordentlich deutsche Reihenhaus-Schrebergärtner eingerichtet haben. Der korrekt begradigte Rhein im Hintergrund hat wohl einen ziemlich starken Einfluss auf die Menschen, die sich in seiner Nähe aufhalten.

Spricht man ältere Pfälzer zwischen Mannheim, Ludwigshafen, Speyer und Wörth auf den Rhein an, dann werden sie gerne sentimental. Manche von ihnen haben in den Strandbädern des Flusses schwimmen gelernt, damals als das Schwimmen im Rhein noch nicht ganz verboten, sondern »nur« auf eigene Gefahr gemaßregelt war. So manches Kind der Region bekam hier im Rhein seine erste Weihe für ein späteres Leben zwischen Großkraftwerk und Grumbeeracker. Für einige war es wie Siegfrieds Bad im Drachenblut, nur dass kein Blatt vom Baum fiel und die Unbesiegbarkeit einschränkte. Kinder, die dereinst in den Sechzigerjahren noch im Rhein geschwommen sind, bilden heute die Avantgarde der Metropolregion Rhein-Neckar, die Region, die SAP und Benz und Boris Becker hervorgebracht hat, die so klingende Namen wie Deidesheim und Oggersheim auf der Speisekarte seiner Geschichte hat undsoweiterundsostolz.

Nachdem der Rhein also schon als Grenze und als Trennlinie zwischen *hiwwe un driwwe* (hüben und drüben) herhalten musste, sollte er in den Siebziger- und Achtzigerjahren auch noch eine weitere Funktion einnehmen: die der Kloake. Manchmal kam aus Basel eine schöne Welle mit bunten Chemikalien angeschwappt, manchmal tat auch die ortsansässige BASF ihr Übriges. Auf diese Weise erlernten die Fische im Rhein, als Einzige ihrer Art, das Rückenschwimmen – so tot waren sie. Heute hat man glücklicherweise viel dazugelernt und sich mit dem Fluss auch einigermaßen versöhnt. Jedes Jahr überschlagen sich die Erfolgsmeldungen der Behörden, welche Fische nun auf einmal wieder heimisch sind im Rhein. Ganze Wasserlebenwesen-Volkszählungen finden statt, damit auch jeder glaubt, dass das Rheinwasser wirklich wieder kurz davor ist, dem schönen Trinklied Ehre zu machen: *»Wenn das Wasser im Rhein lauter Wein wär, ja dann möchte ich so gern ein Fischlein sein …«*

So manchem Fisch würde es wahrscheinlich schon genügen, wenn das Wasser Wasser bliebe, dafür aber (noch) ein bisschen sauberer wäre.

Anderen kleinen Tieren ist es dagegen egal, wie die Wasserqualität beschaffen ist. Der Rhein ist auch heute noch eine Brutstätte für Mücken, die hier in der Pfalz Schnaken beziehungsweise *Schnoke* genannt werden. Vor der Tulla-Begradigung gab es hier in der Rheinebene noch Sumpfgebiete und Malaria. Als Mitteleuropäer gemäßigter Zonen kann man das eigentlich gar nicht mehr nachvollziehen – bis man im Sommer mal einen Abend irgendwo am Rhein verbracht hat und sich Armeen von stechenden Insekten erwehren musste. Der Fluss ist heute zwar ein mit Dämmen abgesicherter Kanal für Schiffe. Aber die Altrheinarme, dieser halbtropische Pfälzer Amazonas, bilden insbesondere nach milden Wintern und bei Hochwasser ideale Brutstätten für eine Mückenplage, die auch vor Autan und Anti-Brumm-Junkies nicht haltmacht.

Irgendwie haben sich hier in der Pfalz die Mücken wohl den Trinkgewohnheiten ihrer menschlichen Opfer angepasst. Es gab Jahre, da war es in manchen Gebieten nahe des Rheins fast unmöglich, sich zwischen Frühjahr und Herbst im Freien aufzuhalten, weil man sonst regelrecht »aufgefressen« wurde.

Und heute? Da gibt es die ruhmreiche KABS, die »Kommunale Aktionsgemeinschaft zur Bekämpfung der Schnakenplage«, die 1976 auf Initiative von Landrat Paul Schädler gegründet wurde und heute deutschlandweit immer wieder als die führende Institution der Mückenbekämpfung zitiert wird. Sie kämpft mit biologischen Mitteln gegen die Mücken, die zu viel Spaß daran haben, mit Weinschorle gesättigtes pfälzisches Blut zu schlürfen. Kein Wunder, dass Zitate des wissenschaftlichen Leiters der KABS, Norbert Becker, immer auch ein bisschen nach Militärberichterstattung klingen: »Insgesamt kann man sagen: Wir haben vom Kaiserstuhl bis hoch nach Bingen – also in unserem gesamten Gebiet – Hubschraubereinsätze gehabt. Die Haupteinsatzgebiete liegen zwischen Au am Rhein und Bingen. Außerhalb des Bekämpfungsgebietes brummt es gewaltig in diesem Jahr ... « (*Badische Zeitung*, 18.8.2014)

Beim Lesen bekommt der Auswärtige wohl so langsam ein Gefühl dafür, warum die Pfälzer und Kurpfälzer und Badener entlang des Rheins eine besonders hart gesottene Spezies sind. Nirgendwo sonst in Deutschland sind die Tropen näher. Kein Wunder also, dass hier – wo sonst?! – sogar die »European Mosquito Control Association« (EMCA) ihren Sitz hat, 2000 im kleinen pfälzischen Waldsee gegründet, hat sie Mitglieder aus Europa, Afrika und den USA.

Immer wieder bekommt die KABS auch Gegenwind von Naturschützern, die nicht an die völlige Unbedenklichkeit des biologischen Wirkstoffs *Bti* glauben wollen, der 1976 von einem israelischen Forscher in einem Bakterium entdeckt wurde. Durch das Granulat würden nicht nur Stechmücken, sondern auch andere Insekten getötet und damit Vögeln, Amphibien und Fledermäusen die Nahrung genommen. Zusätzliche Spannung bringt die mittlerweile auch in Deutschland entdeckte asiatische Tigermücke, die tropische Krankheiten übertragen kann.

Doch so unromantisch wollen wir uns nicht vom Vater aller Deutschland-Klischees verabschieden. Denken wir lieber an eine zu Recherchezwecken für dieses Buch unternommene Kahnfahrt auf dem Altrhein im Spätsommer, in knallgelben Schwimmwesten und mit einem Bootsmann, der mit unüberhörbar schwäbischem Idiom die Vorzüge pfälzischer Biotope preist. Wir gleiten leise plätschernd über das grüne Wasser, Enten und Wildgänse um uns herum, Fische unterm Bug, vorbei an wilden Weiden, die ihre langen Zweige im glucksenden Wasser baden, vorbei an all den wilden Gegensätzen, die die Pfalz ausmachen, nicht nur hier am Rhein: Urwald mit wuchernden Baumriesen, dahinter die BASF-Deponie Flötzgrün, Reiher und Schornsteine, Dschungel und griechische Tavernen, wo Eingeborene Retsina und Weizenbier gegen Wespen und Schnaken verteidigen und sich dabei fühlen wie … am Strand.

Oder wir nehmen die Autofähre in Altrip, einer kleinen, alten Gemeinde, die am Rande des Altrheinbiotops direkt gegenüber dem Mannheimer Großkraftwerk liegt, das auf der anderen Seite seine Türme in die Industrieluft streckt. Hier der Urwald und die »Blaue Adria« der pfälzischen Flussidylle. Und drüben das summend-dampfende Maschinen-Walhalla aus Prä-Energiewende-Zeiten. Von Rheinauen und Seenlandschaft hinüber zu den Hightech-Kaminen der Industriestadt. Hier gibt es keine Brücke, nur eine Autofähre, die schon allein durch die Wartezeit zur persönlichen Entschleunigung zwingt. Angesichts der Schwierigkeiten, heute inmitten all der Baustellen, Brückensanierungen und Umleitungen von hüben nach drüben zu gelangen, ist sie vielleicht das Transportmittel der Zukunft, um den Rhein zu überqueren, langsam zwar, aber immer noch schneller als mit dem Auto über eine einspurige Brücke.

Altrip ist übrigens auch einer der Orte, die auf dem Grabstein eines gewissen Herrn Tulla verzeichnet sind, denn in diesem kleinen pfälzischen Ort musste der badische Ingenieur mit dem sogenannten »Altriper Durchstich« eine der größten technischen Herausforderungen der Flussbegradigung meistern. Heute liegt Tulla in Paris begraben. Gestorben ist er 1828 – an Malaria. Ausgerechnet an der Krankheit, die er mit seinem Lebenswerk, der Flussbegradigung und damit der Trockenlegung von Sümpfen, eigentlich ausrotten half.

Das ist schon ein bisschen makaber. Passt aber trotzdem, denn es weist uns darauf hin, dass auch in unseren Zeiten der Rhein immer noch viel mehr ist als nur eine Wasserstraße!

Die Deutsche Weinstraße

85 Kilometer Feierwütigkeit

Die Weinstraße: 85 Kilometer, 144 Ortschaften, 23 000 Hektar Weinanbau, etwa 3600 Winzerbetriebe produzieren jährlich um die 2,5 Millionen Liter Wein. Obwohl das Weinland, das auch Gebiete östlich und nördlich der Weinstraße umfasst, nur 5 Prozent der Pfälzer Gesamtfläche ausmacht, ist es für viele Besucher gleichbedeutend mit der gesamten Pfalz. All die Klischees von Saumagen bis Schoppenseligkeit und Toskana-Deutschland-Vergleichen beziehen sich auf die Route zwischen Bockenheim im Norden und Schweigen im Süden. Hier an der Bruchstufe zwischen Flachland und Mittelgebirge schlägt das südländische Herz der Pfalz. Zum Osten hin die breite Ebene des Rheingrabens mit Gemüse und Frühlingszwiebelduft, zum Westen hin der Pfälzerwald, der hier am Rand Haardt genannt wird. Und als Verbindungslinie, inmitten eines hügeligen Rebenmeeres, liegt eine Kette von Weindörfern, Vinotheken, Sternelokalen, Burgruinen, Saumagenproduzenten, kleineren Städten mit großen Feiertraditionen, Weinstuben, Wanderwegen und Wohnmobilparkplätzen.

Unterteilt wird die Deutsche Weinstraße in die Südliche Weinstraße, die südlich von Neustadt beginnt und sich über Landau bis hinunter nach Schweigen zieht, an der Grenze zum Elsass, wo einzelne Flächen Pfälzer Winzer bei Weißenburg gar auf französischem Staatsgebiet liegen. Und in den Bereich Mittelhaardt/Deutsche Weinstraße, der von Neustadt über Bad Dürkheim und Grünstadt bis Bockenheim verläuft.

Der Wein wird geschützt von der Hügelkette der Haardt und profitiert von einer ungewöhnlichen Bodenvielfalt (Buntsandstein, Lehm, Kalk, Sand, Löß), die durch die wild bewegte, geologische Entwicklung der Rheinebene und angrenzender Gebiete entstand. Da war alles dabei: Erdbeben, Vulkanausbrüche, Erdverschiebungen und Überflutungen.

Manch ein begeisterungsloser Kritiker mag ja über die Klischees von der mediterranen Pfalz lächeln, aber es gab mal eine Zeit, da lag die Pfalz wirklich am Meer. Gut, damals, vor 30 bis 25 Millionen Jahren lebten noch keine Pfälzer und noch nicht mal pfälzische Dinosaurier hier (oder anderswo), aber ein Anfang war wenigstens mal gemacht. Heute ist die Weinstraße mit rund 2000 Sonnenstunden eine der wärmsten Regionen Deutschlands. Seit 2008 ist die Pfalz das größte Riesling-Anbaugebiet der Welt.

Und wenn wir schon wieder bei Superlativen sind, dann wollen wir gleich noch einen hinterherschieben: »Die Deutsche Weinstraße ist die erste und bekannteste Weintouristikroute der Welt«, so auf der Webseite »Deutsche Weinstraße e.V.« zu lesen, einem Verein, der Tourismus und Wein fördern soll, also der Parteilichkeit völlig unverdächtig ist in dieser Sache. Die Weinstraße ist auf jeden Fall ein Modell für zahlreiche Touristenrouten mit Themen von Alleen über Gurken bis Burgen, die später noch erfunden werden sollten.

Dass es sich hierbei nicht einfach um die Pfälzische, sondern gleich die Deutsche Weinstraße handelt, war eine

Idee der Nationalsozialisten. Diese Bezeichnung trotzdem gut zu finden verbietet zwar eigentlich das Geschichtsbewusstsein, aber man wird kaum einen Einheimischen finden, der sich deswegen heute noch dafür schämen möchte. Denn im Prinzip begann das Ganze schon früher.

Bereits in den Zwanzigerjahren hatte der Deidesheimer Starwinzer Friedrich von Bassermann-Jordan die Idee, eine Pfälzische Weinstraße einzurichten. Umgesetzt haben's dann ein paar Jahre später die Nazis. Ein gewisser Gauleiter Bürckel, der die Sache zur persönlichen Angelegenheit gemacht hatte, eröffnete die erste Touristikroute Deutschlands mit einer bizarren Rede. Ihr paradoxer Titel »Kampf und Volk – Wein und Wahrheit« würde heute jedem entspannten Pfälzer Weinfestbesucher ein schiefgrinsiges, kopfschüttelndes *»Jo alla, babbel net so dumm!«* entlocken.

In Schweigen, direkt an der elsässischen Grenze, wurde ein provisorisches Tor aus Holz errichtet, das 1936 durch das »Deutsche Weintor« in einer steinernen Version ersetzt wurde. Auch heute noch bildet es, trutzig und unbombardiert, den südlichen Anfang der Weinstraße. Wunderbarerweise markiert es heute keine Grenze mehr, sondern ist nur noch Verbindungstor zwischen der pfälzischen Deutschen und der Elsässer Weinstraße, die direkt in Wissembourg beginnt.

Am nördlichen Ende wurde 1995 in Bockenheim das »Haus der Deutschen Weinstraße« eingeweiht, das zwar in einem demokratischen Deutschland errichtet wurde, aber architektonisch nicht unbedingt die schönere Version darstellt. Jedenfalls hatte die Deutsche Weinstraße 60 Jahre nach ihrer Einrichtung endlich einen ordentlich deutschen Anfang und ein Ende. Was aber viel wichtiger ist und vor allem viel schöner, ist die Strecke dazwischen:

85 Kilometer betriebsame Beschaulichkeit, Lebenslust, Weinkultur und grünwellige, romantische Landschaft. Hier an der Weinstraße ist die Pfalz am mediterransten – wenn

es denn überhaupt einen Superlativ gibt für dieses Lebens-
gefühl. Feigen, Palmen, Esskastanien, Tapas in der Vinothek und Cabriolets vor der Tür. Und gleich hinter dem
Bergrücken liegt der Strand ...

Die Weinstraße »brummt«

Der touristische Erfolg der Route ist seit Jahrzehnten un-
gebrochen. Und wer die gesamte Strecke abfährt und ab
und zu auch mal aussteigt, wird erleben, wie vielfältig und
unterschiedlich die Regionen, die Landschaft, das Terroir
und damit der Geschmack der Weine sind.

Und überall, alle paar Kilometer, wartet eine Attraktion,
fast so, als hätte jemand die Weinstraße am Computer als
ideale Freizeitidylle geplant und dann mit dem 3D-Drucker
ausgedruckt. An jeder Biegung steht eine andere steinerne
Sehenswürdigkeit: Schloss Bad Bergzabern, Burg Landeck,
Madenburg, Reichsburg Trifels, Burgruine Rietburg (auf
die ein alter Sessellift führt), Villa Ludwigshöhe (die der
bayrische König Ludwig I. für seine mediterranen Pfalz-
bayern-Träume bauen ließ), Schloss Edesheim (mit Hotel
und Freilichtbühne), das Hambacher Schloss (wo dereinst
die Pfälzer und Badener bei einer Schoppen-Wanderung
die deutsche Demokratie erfanden), die Wachtenburg,
Villa Rustica, die Ausgrabung eines alten römischen Her-
renhauses, die fast 1000 Jahre alte Klosterruine Limburg,
das erst 1981 freigelegte und renovierte römische Weingut
Weilberg, das mittelalterliche Freinsheim mit seinen romantischen Plätzen und dem Stadtmauerweg, Neuleiningen,
das mitsamt Burgruine wie eine alte italienische Stadt auf
dem Hügel liegt ... man kann all diese Wunder nicht oft
genug aufzählen.

Jeder Winkel und jeder Kilometer der Weinstraße hat
seine eigenen Reize, ganz besonders natürlich in der Zeit

von April bis November, von der Mandelblüte bis zur Weinlese – dann »brummt« die Weinstraße, oft auch im wahrsten Sinne des Wortes.

Es grenzt an ein kleines Wunder, dass die Dörfer mitsamt ihren Einwohnern es geschafft haben, sich trotz der zunehmenden Besucherzahlen einigermaßen ihre Echtheit zu bewahren. Disneyland-Atmosphäre kommt kaum auf. Sogar in solchen Publikumsmagneten wie Deidesheim oder Sankt Martin gibt es immer noch ein lustiges Nebeneinander von authentischer Pfälzer Weinkultur und touristisch orientiertem Saumagen-Schoppenseligkeit-Klischee-Erfüllungsprogramm.

Zu den Zentren mit Feierlaune und Staugefahr gehören: Bad Dürkheim, wo sich außer der erwähnten Klosterruine Limburg, der Hardenburg und den Überresten antiker Gebäude von Weingut und Villa auch noch ein römischer Steinbruch befindet. Hier im Wald, freigelegt und weithin sichtbar, befindet sich einer der spannendsten Plätze der römisch-pfälzischen Geschichte mitsamt authentischer, manchmal gar obszöner Graffiti der Legionäre.

Ein guter Ort, um den alten Römern mal zu danken, dass sie dereinst den Wein mitbrachten und hier als Erstes im wilden Germanien, in der »Provinz Palatina« mit ihrem italienischen Klima diese wunderbare Pflanze anbauten.

Nicht viele finden den Weg hier hinauf, denn die meisten Besucher bleiben gerne unten in der Stadt hängen, stellen ihr Auto auf dem riesigem Areal des Dürkheimer Wurstmarkts ab, wo alljährlich im September das größte Weinfest der Welt stattfindet, stehen staunend vor dem Dürkheimer Riesenfass, dem (Obacht, neuer Superlativ!) größten Fass der Welt mit einem theoretischen Fassungsvermögen von 1,7 Milllionen Litern. Darin befindet sich ein beliebtes Touristenlokal mit Pfälzer Küche und internationaler Belegschaft, die nicht immer die Herzlichkeit verströmt, die der Besucher sonst von Pfälzer Eingeborenen gewöhnt ist. In der Stadtmitte angekommen, merkt man schnell, dass die Bausubstanz nicht unbedingt romantisch-mittelalterliches Flair verströmen kann.

Dürkheim wurde 1945 nur zwei Monate vor Kriegsende und nur 48 Stunden vor dem Einmarsch amerikanischer Truppen noch bombardiert, wobei ein Drittel der Stadt zerstört wurde und 300 Menschen ums Leben kamen.

Doch wenn man zwischen März und November auf dem zentralen Römerplatz, wo sich das Ambiente aus italienischer Eisdiele, einer der besten Pfälzer Weinstuben des Landes und weiteren Lokalitäten mitsamt tropischer Kübelpalmenbepflanzung zusammensetzt, dann könnte man meinen, irgendwo zwischen Montalcino und Montepulciano angekommen zu sein – wenn die Leute hier nur nicht so komisch babbeln täten …

Wachenheim, Forst, Deidesheim – die Namen klingen für Rieslingkenner wie eine kleine Arie des guten Geschmacks mit weltberühmten Lagen wie Hohenmorgen, Pechstein, Kirchenstück, Mariengarten oder Ungeheuer. Es gab eine Zeit gegen Ende des 19. Jahrhunderts, da gehörten diese Rieslinge zu den begehrtesten und teuersten Weinen der Welt. Zur Eröffnung des Suezkanals 1896 wurde Wein aus dem Deidesheimer Weingut »Reichsrat von Buhl« gereicht.

Und heute sitzen Leute aller Schichten und Einkommensverhältnisse beim Deidesheimer Weinfest im August zusammen und stoßen damit an. Nun ja, vielleicht nicht gleich mit dem Großen Gewächs, dafür hat der »einfache« Gutswein aber auch schon eine gewisse Edelmütigkeit, die es hier an der Mittelhaardt flächendeckend zu erschmecken gibt.

Neustadt, die (Achtung!) größte Weinbaugemeinde Deutschlands mit den wunderschönen, eingemeindeten Weindörfern Mußbach, Königsbach und Gimmeldingen, einer mittelalterlichen Altstadt, vielen engen Gassen, Her-

renhäusern, die sich den Hang zum Ortsteil Haardt hinaufziehen, wo es dann geradezu schlossartige Weingüter gibt –
und plötzlich wähnt man sich mitten im Burgund. Südlich
der Innenstadt liegt der Ortsteil Hambach mit dem berühmten Schloss, »der Wiege der deutschen Demokratie«.

Weiter die Weinstraße entlang folgt Maikammer, wo
wohl das Wort »pittoresk« erfunden wurde, und daneben
das wunderschöne, malerisch gelegene und deshalb auch
von so manchem Reisebus heimgesuchte Sankt Martin, das
dorfgewordene Klischee von Pfalz und Weinstraße. Wer
sich hier die Mühe macht und mit den Einwohnern ins
Gespräch kommt, der erfährt außer der üblichen, geradlinigen Freundlichkeit auch so manches über den Kampf
pfälzischer Eingeborener gegen auswärtige Wildparker,
wobei solche Vorträge dann eher in gehobener Lautstärke
erfolgen.

Edenkoben, »die weinfrohe Stadt« (so das Begrüßungsschild am Ortseingang) mit der italienischen Märchenvilla
eines bayerischen Königs. Und gleich daneben ein Sessellift, der auf die Rietburg (selbstverständlich mit Einkehr-
und Schoppenbetankungsstation) führt. Das ist eine Attraktion in vielerlei »Hin-Sicht«: Oben angelangt, reicht der
Blick bis hinüber zum Königsstuhl nach Heidelberg und
dem Schwarzwald. Aber zumindest für Nostalgiker fast
noch reizvoller ist das Gesamterlebnis einer Fahrt mit dieser
Sesselbahn, die 1954 eingeweiht wurde und die sich seitdem rein äußerlich mitsamt verschnörkelter Hinweisschilder und ebensolcher Sprachverwendung kaum verändert
hat: »Bei Bedarf stehen Sitzkissen zu Ihrer Verfügung.«

Landau, das sich in den letzten Jahren zur Boomtown
der Weinstraße gemausert hat, bedingt durch die Universität und die bestens genutzten Konversionsflächen, die der
Abzug französischer Truppen 1999 übrig ließ. Die Landesgartenschau 2015 fand auf dem ehemaligen Kasernengelände
statt, auf dem inzwischen auch mehrere neue Wohnquar

tiere entstanden. Mit seinen knapp 50 000 Einwohnern vermittelt Landau im Zentrum rund um das Alte Kaufhaus und den Lauf des Flüsschens Queich eine lebhafte, urbane Atmosphäre.

Und direkt nach der Stadtgrenze beginnt gleich wieder die Bilderbuch-Pfalz der Südlichen Weinstraße, die sich hier durch ein sehr hügeliges Terrain schlängelt, durch die lange Liste der verscheidenen Weiler: Burrweiler und Gleisweiler. Hier findet sich neben dem Ortsschild noch ein Hinweis: »Das pfälzische Nizza«, was sich eigentlich nur ein Marketing-Humorist ausgedacht haben kann und zumeist lachendes Kopfschütteln auslöst, aber wohl doch so manchen Pkw-Passanten auf der Suche nach dem Mittelmeer einen Umweg machen lässt.

Dann Hainfeld, Leinsweiler, Frankweiler, Klingenmünster, Gleiszellen-Gleishorbach, Oberotterbach bis hinunter nach Schweigen-Rechtenbach. Dazwischen noch die charmant-verschlafene Kurstadt Bad Bergzabern ... es sind 85 Kilometer, die größtenteils aus dem Bilderbuch stammen könnten, sieht man von den üblichen Verkehrsproblemen mal ab, die besonders zwischen Grünstadt und Bad Dürkheim zu absurden Situationen führen können.

Eine seit Jahren geplante und planungsumkämpfte Umgehungsstraße soll dies ändern. Wie schön alles sein könnte, wird am letzten Sonntag im August klar. Beim »Erlebnistag Deutsche Weinstraße« bleibt die gesamte Strecke für einen Tag autofrei und wird dann nur von Fußgängern, Fahrrädern, Rollschuhfahrern und Ähnlichem bevölkert, die sich als Karawane von Ortschaft zu Ortschaft und Ausschank zu Ausschank zieht. Und weil wir wieder mal einen Superlativ brauchen, stellt das Ganze wohl das längste Weinfest der Welt dar, oder so.

Aber auch an anderen Tagen können die Pfälzer selbst der besonderen touristischen Verkehrslage an der Weinstraße einen gewissen Reiz abgewinnen. Wer hier schon einmal mit 20 Kilometern pro Stunde hinter einem Wohn-mobil aus Oldenburg oder einem Porsche Cayenne aus Frankfurt hinterhergetuckert ist, der weiß, wie schön seine Heimat sein kann, wenn man sich entschleunigt und sie mit den staunenden Augen auswärtiger Besucher erlebt. Und wenn dann ein kleiner, schmaler Traktor überholt, auf dem ein grinsender, medizinballkugelbäuchiger Winzer in seinem oft als Schlafanzug missverstandenen blau-weiß gestreiften Oberteil sitzt, dann liebt man die Pfalz wieder ein bisschen mehr.

Hier ticken die Uhren anders. Lebenslustiger. Feierwü-tiger. Aber nicht unbedingt langsamer. Im Gegenteil. Wer mitten im Weinland lebt, der weiß, dass es immer und überall viel zu schaffen gibt. Und natürlich bekommt, wer hier lebt, auch hautnah mit, wie die Provinz toben kann. Da ist auf der Lokalseite der Tageszeitung *Die Rheinpfalz* oft von Dingen wie Weinprämierungen, Umgehungsstraßen, Weinprinzessinnen-Krönungen oder dem geplanten Neu-bau einer Abfüllhalle von Winzer XY die Rede – Themen, die durchaus Anlass für wochenlange Leserbriefschlachten sein können. Hier sind die sogenannten *top news* der Welt manchmal lange nicht so wichtig wie zum Beispiel der Termin des Mandelblütenfestes im Neustadter Ortsteil Gimmeldingen, der sich jedes Jahr nicht nach dem Kalen-der, sondern den Vorgaben der Natur richtet. Gefeiert wird erst, wenn's blüht. Und dann strömen die Besucher zu Tausenden, und die Weinberge verwandeln sich in einen riesigen Parkplatz mit darin strategisch verteilten Ausschank-stellen.

Ja, man könnte ewig weiter berichten vom seltsamen, wunderbaren Leben der Weinstraßenbewohner und den Besuchermassen, von denen sie leben, unter denen sie manchmal leiden und mit denen sie feiern. Ein bisschen Lust ist hoffentlich geweckt worden auf dieses paradiesische Stückchen Land, das am Wochenende zur Safari des guten

Geschmacks wird. Dann schlängeln sich hier Feinschmecker und Weinkenner entlang, Stoßstange an Stoßstange, um im Mekka der Spitzenlagen und *Schoppenpetzer*, Gourmands und Saumagenjäger Einkehr zu halten.

An manchem Sonntag im Oktober, der hier bei oft 23 Grad Celsius goldener ist als anderswo, kann das Ganze zugegebenermaßen etwas aus dem Ruder laufen. Wenn die Autokarawane die Weinstraße verstopft und die Wohnmobilparkplätze überquellen, dann geht der Pfälzer Eingeborene am liebsten ins Exil: Entweder ins angrenzende Rheinhessen, wo er sogar den dortigen Wein trinken würde, was zeigt, wie verzweifelt die Lage ist. Oder er begibt sich ins innere Exil, bleibt zu Hause, lässt die Rollläden herunter und verrammelt sich in seinem Schlafzimmer.

Es soll schon so manchen Karlsruher Pkw-Fahrer gegeben haben, der einen pfälzischen Einheimischen sah, vor seinem Sandsteinhaus sitzend mit einem Schild: »*Ortsumgehung jetzt. Gelbfießler zurick üwwer die Brück*« – und trotzdem geblieben ist. Weil's halt einfach zu schön ist und zu gut schmeckt und überhaupt ... Immer mehr wollen das erleben. Und die Leute kommen von überallher, fahren manchmal Hunderte von Kilometern, um dann doch kein Wort zu verstehen, wenn sie zusammengekrischen werden, weil sie in Maikammer schon wieder die Hofeinfahrt vom Weschers Karlheinz zugeparkt haben.

Essen

Zwischen Lewwerworscht und Michelin-Stern

Die Pfälzer Küche ist für vieles berühmt – nicht aber für ihre Fettarmut. Dabei ist das bekannteste einheimische Nahrungsmittel, der Saumagen, bei Weitem nicht so fett, wie sein Name klingt. Und schon lange nicht so fett wie die Vorurteile ernährungsbewusster Besserwisser vermuten lassen, die die weißen Kartoffelteilchen in der Masse für Fettstücke halten.

Nun ja, Pfälzer sind es gewohnt, dass sich Klischees verselbstständigen. In Bezug auf ihren Dialekt sind sie vielleicht etwas dünnhäutig, aber was ihr Essen angeht, da haben die Pfälzer ein dickes Fell, beziehungsweise einen großen Ranzen, an dem sie sämtliche Vorurteile locker abprallen lassen. In Bezug auf ihr Nationalgericht könnte man das so ausdrücken: *»Wer's net esse will, kann's bleibe lasse.«*

Das Mysterium des gefüllten Verdaungsorgans

Berühmt, berüchtigt, belächelt und bewundert. Der Pfälzer Saumagen ist für Auswärtige fleischgewordenes Mysterium dieser Region. Das liegt natürlich am Namen. Lende, Keule,

Rücken, sogar Nieren sind die weithin akzeptierten Körperteile des zu vertilgenden Tieres. Aber ein Magen? Von einer Sau? Das klingt für manche nach einer Aufgabe aus der TV-Show »Bauer sucht Schnitzel«.

Wunderbare Szenen spielen sich da immer wieder in Pfälzer Lokalen ab, wenn Touristen am Nebentisch ihr Herz in beide Hände nehmen, um ihren westfälischen oder sächsischen Verdauungstrakt mit pfälzischem Saumagen zu füllen.

Alles beginnt mit der unsicher in die Runde gestreuten Frage: »Soll ich das mal bestellen?« Für viele gehört da offensichtlich Mut dazu.

Und wenn dann der »Pfälzer Teller« auf dem Tisch steht: »Oh, das ist aber ... äh ... ganz schön viel.«

Der aufgetürmte Nahrungsberg wird sodann von allen Seiten misstrauisch beäugt. Unter all dem Sauerkraut, dem Kartoffelbrei, den Bratwürsten und Leberknödeln scheint es für Ungeübte etwas schwierig, den Saumagen gleich zu identifizieren.

»Das hier, das Runde, das muss er sein.« Eine zweifelnde Gabel stochert in einer dicken, angebratenen Scheibe, ein kleiner Rand, der allerlei Füllmaterial enthält. »Ach, echt? Das hatte ich mir ganz anders vorgestellt. Irgendwie bauchiger.«

Alsdann wird ein kleines Stück fein säuberlich mit dem Messer abgetrennt, erst einer Geruchsprobe unterzogen und dann vorsichtig zwischen die leicht widerwillig gekräuselten Lippen geschoben.

»Und, wie isset?«

»Ach, das ist ... irgendwie ... gar nicht so ... also das schmeckt eher wie so 'ne feine Wurst. Is essbar, auf jeden Fall, irgendwie.«

Der bisher noch gutmütig schmunzelnde Pfälzer Eingeborene am Nebentisch möchte in diesem Moment am liebsten rüberrufen: *»Hear, wenn ihr meinen, mir wäre do im*

*Dschungelcamp, dann gebbt's glei noch Spinnedärm un Mistkäfer-
bällsche zum Dessert, gell?*«

Wer weiß, was in den Köpfen der Menschen vor sich
geht. Manche denken vielleicht wirklich, da käme ein Teller, auf dem ein praller, ballonartiger Schweinemagen mit
vier Beinen liegt samt Ringelschwänzchen als Garnierung.

Aber erst durch diese Assoziationen, die der Wortkombi-
nation aus Sau und Magen geschuldet sind, wird aus einem
einfachen Arme-Leute-Essen ein Nahrungsmythos mit
Überwindungsfaktor.

Und erst durch einen Pfälzer Bundeskanzler, der ausländische Staatsgäste so lange mit Saumagen abfütterte, bis die
Berliner Mauer umfiel, wurde aus dem Pfälzer Nationalgericht eine deutschlandweit berüchtigte, fast schon legendäre
Exoten-Spezialität. Von manchen norddeutschen Hoch-
nasenträgern gerne herabwürdigend gebraucht, wurde Saumagen fast schon zu einer Art Synonym für die Pfälzer, ihre
Lebensart und ihre angeblichen kulinarischen Prioritäten.

Vor 150 Jahren noch hätten die Eingeborenen dieses
Landstrichs das nicht verstehen können. In den ältesten
überlieferten Pfälzer Kochbüchern findet der Saumagen als
eigenständiges, regionaltypisches Gericht nämlich keinen
Eintrag. 1858 erscheint das »Pfälzer Kochbuch« der »Schönen Anna«, Gastwirtin des weithin berühmten Restaurants
»Zu den vier Jahreszeiten« in Bad Dürkheim. Doch darin
gibt es keinen Eintrag, geschweige denn ein eigenes Kapitel über das angebliche Pfälzer Nationalgericht.

Nur ganz nebenbei wird unter der Überschrift »Explica-
tion, wie man in einer sparsamen und soliden Haushaltung
alles benutzen kann« erklärt, wie man Speck und Schinken
in Würfel schneiden, mit viel Kartoffeln vermischen und
dann mit einer Gewürzmischung in einen Schweinemagen
füllen kann, der dann eine Stunde gekocht werden solle.

Seitdem aber hat der Saumagen eine steile Karriere hingelegt. Und heute, bei so viel Aufmerksamkeit und Popu-

larität – und sei sie auch nur herbeigeführt worden durch regierungsamtliche Manipulation in Deidesheimer Restaurants – ist den Pfälzern sehr wohl bewusst, welchen kontrovers diskutierten, kulinarischen Schatz sie da ihr Eigen nennen.

Also gibt es Saumagen-Bücher und -Abhandlungen, es gibt Rezeptsammlungen und Geschichtsschreibungen, die ausholen bis zur Homer'schen *Odyssee*, um zu beweisen, dass das Füllen von Tierdärmen immer schon zur westlichen Essgeschichte gehörte.

Es gibt Berühmtheiten und prominente Saumagen-Hersteller und -Kochkünstler.

Der bekannteste Saumagen-Macher ist Klaus Hambel mit seiner Metzgerei in Wachenheim an der Weinstraße, der als Hoflieferant ihrer Pfalz-Majestät Helmut Kohl gedient hat. Für den Weltwirtschaftsgipfel 1992 in München lieferte er 150 Kilo Saumagen und 180 Kilo Blut- und Leberwurst. Und heute kommen Einheimische und Touristen gleichermaßen zahlreich in den Familienbetrieb.

Damit ist aber noch lange nicht klar, ob dies auch der beste Saumagen ist.

Und deshalb gibt es, wie kann es anders sein, den zweijährlich stattfindenden »Internationalen Saumagen-Wettbewerb«, ausgerichtet von der Fleischerinnung Südliche Weinstraße-Landau-Germersheim. Aus den Kriterien dieses Wettstreites zu zitieren erspart uns manche detaillierten Erklärungen. Also lassen wir die Saumägen-Künstler für sich selbst sprechen.

Ausgetragen wird der Wettbewerb in drei Kategorien:

»1. Original Pfälzer Saumagen (typisch/traditionell). Das ist der klassische, traditionelle Pfälzer Saumagen mit den Zutaten Fleisch, Kartoffelwürfeln und Naturgewürzen wie Salz, Majoran, Muskat und Pfeffer usw. Die Hülle bildet ein Saumagen – der Namensgeber des Produkts.

2. Pfälzer Saumagen mit Zutatenvariationen. Hier handelt es sich um eine Veränderung bzw. Variation der klassischen Saumagenfüllung. Denkbar ist die Verwendung von Kastanien oder Wild, Geflügel und anderen Fleischarten. Auch sonstige Besonderheiten und Eigenheiten, z. B. Verwendung von Trüffeln, sind hier möglich. Die Verwendung von Kunstdarm ist erlaubt.

3. Saumagenfüllung in besonderer Form (Pastete, Terrine, Torte). Die Saumagenfüllung kann in Form einer Pastete, Terrine oder Torte verarbeitet sein. Ausschmückungen und Verzierungen sowie spezielle Formgebungen sind möglich.«

Und am Schluss steht dann in einer Halle wirklich eine Gruppe weißbekittelter Saumagen-Prüfer, die die ausgestellten Spezialitäten begutachtet und probeisst. Fehlen bloß noch die Reagenzgläser, die Zuschauerränge mit Fangruppen der einzelnen Metzgereien und eine Sondertribüne für staunende außerpfälzische Besucher, die rufen: »Ich bin ein Gast, holt mich hier raus!«

Saumagen überall. Sogar der renommierteste Orden, den die Pfalz zu vergeben hat, trägt den Namen des Nationalgerichtes. Die Karnevalsgesellschaft »Schlotte« aus Schifferstadt verleiht jedes Jahr den Saumagenorden an herausragende Persönlichkeiten: Ein Stück Rosenquarz wird in der Schmuckstadt Idar-Oberstein in der Form eines Saumagens geschliffen, der mit einer Silberkette um den Hals getragen werden soll, was durchaus zu Rückenbeschwerden führen kann, ist das gute Stück immerhin dreiviertel Kilogramm schwer. (Der Schreiber dieser Zeilen weiß, wovon er spricht, gehört auch er zu der langen Reihe der Ordensträger, die seit 1992 ausgezeichnet wurden, darunter Helmut Kohl, Fritz Walter, Kurt Beck und Malu Dreyer.)

Und wenn's jetzt schon so persönlich geworden ist, dann soll zum fetten Schluss dieses Abschnitts noch ein Bekennerschreiben folgen: Ja, ich gebe zu, dass ich der relativ selten vorkommenden Pfälzer Unterspezies *Homo palatinus vegetarius* angehöre. Manche fleischlüsternen Hardliner würden also behaupten, dass ich als solcher gar nicht befugt sein könnte, über dieses edle Gericht des »stomachus porci« zu schreiben. Doch gestatten Sie mir diesen Einwand: Das mag für frühere Zeiten vielleicht gelten. Aber heute ist die Nahrungsaufnahme-Szene der Pfalz so vielschichtig und multidimensional geworden und traditionelle Rezepte werden immer wieder Gourmet-kompatibel weiterentwickelt. Da müsste es doch in diesem kreativen, lukullischen Umfeld möglich sein, über eine fleischlose Version des Saumagens nachzudenken, mit Tofu-Kartoffel-Gemüse-Füllung zum Beispiel. Und der Magen? Könnte synthetisch hergestellt werden, bei der BASF in Ludwigshafen, wäre also ein ganz und gar pfälzisches Heimatprodukt. Und damit es ganz zeitgeistig wird, verfeinern wir das Ganze noch mit einheimischem Superfood: als Topping kommen Leinsamen und Rosinengeschnetzeltes aus getrockneten Riesling-Trauben oben drauf.

Weitere kulinarische Eigenarten

Auch wenn manche es gerne glauben möchten, der Saumagen ist nicht das einzige typische Pfälzer Nahrungsmittel. Diese Art der Volksküche mit Resteverwertung hat auch in vielen anderen Ländern eine eigene Tradition. Eine echte elsässisch-pfälzische Erfindung ist dagegen nachgewiesenermaßen das Sauerkraut. »Krauts«, so wurden in den vergangenen Jahrhunderten die mehrheitlich aus Pfälzern bestehenden deutschen Einwanderer in den USA genannt. Und diese Bezeichnung gilt auch heute noch in der angelsächsischen Welt als leicht abwertendes Synonym für alle Deutschen. Kein Wunder also, dass Sauerkraut die Beilage der

Wahl für den Saumagen ist, neben dem Kartoffelbrei, auf pfälzisch: *Grumbeerstambes.*

Es gibt aber nicht nur einheimische Küche, die mit brachialen Bezeichnungen ihrer Spezialitäten Besucher gleichermaßen irritiert wie fasziniert. Nein, es gibt durchaus auch Pfälzer Gourmeterzeugnisse, die mit eleganten Namen zum dezenten Genuss einladen: *Schwartemage, Blutworscht, Grieweworscht, Lewwerworscht.*

Auf Letztere in der Variante »Original Pfälzer Leberwurst« sind die Einheimischen so stolz, dass sie sogar ihren Metzgerbrüdern auf der anderen Rheinseite in der Kurpfalz, weil die eben seit Beginn des 19. Jahrhunderts zu Baden gehören, das Recht streitig machen, ihre Leberwürste »original pfälzisch« zu nennen, weil nur linksrheinisch stationierte Pfälzer echte Pfälzer sein dürfen. Was lernen wir daraus? Bei allem angeborenen Humor und Mutterwitz, der Pfälzern nachgesagt wird: *bei de Worschd hört de Spass uff.*

Nachdem die letzten Seiten ziemlich fleischlastig waren, könnte der feinfühlige Leser denken (wollen), dass es Vegetarier in der Pfalz nicht gerade leicht haben. Das ist aber glücklicherweise nicht der Fall. Erstens glänzt die Pfälzer Küche nicht nur mit Fettigem, sondern auch mit unzähligen fleischlosen Schmankerln, die so wunderbar vollmundige Namen tragen wie *Hoorische Knepp* (halbrohe Kartoffelklöße), *Handkäs' mit Musik* (Käse in Öl-Essig-Zwiebel-Sud), *Weiße Käs mit Gequellte* (Quark mit Pellkartoffeln, nur dann original pfälzisch, wenn dazu ein ganzes Arsenal von kleinen Gewürzfässchen gereicht wird). Und: Dampfnudeln. Die gibt es zwar auch in anderen süddeutschen Gegenden. Aber nur in der Pfalz kann man diese wunderbaren Teilchen wahlweise in Form einer herzhaften Mahlzeit mit *Woisoß* (Weinsoße) oder einer vollmundigen Süßspeise mit *Vannillsoß* (Vanillesoße) bekommen. Wichtigstes Merkmal ist der Boden mit einer braunschwarzen Kruste, auf deren Basis sich der weiche Hefeteig erst richtig erheben kann. Nur erfahrene Hausfrauen wissen, wann der Zeitpunkt gekommen ist, dass alles perfekt weich, hart, süß, salzig, soft und krustig ist. Und es soll echte Dampfnudelfetischisten geben, die erst den weichen Teil sorgfältig herunteressen, die einzelnen Bisse immer wieder in die Soße der Wahl (siehe oben) oder manchmal auch in beide nacheinander tunken – um zum Schluss dann die knusprige Kruste mit verzückt verdrehten Augen in Zeitlupe hinterherzuschieben, als Höhepunkt der oralen Freuden des gedampften Nudelns.

Wie wir in den vorangegangenen Kapiteln immer wieder gesehen haben, ist es das Spiel der Gegensätze, das die Pfälzer Mentalität ausmacht. Und auch ihre Küche. Die kann manchmal herzhaft und süß zugleich sein. Kein Wunder also, dass auch solche Sachen kombiniert werden wie Pflaumenkuchen mit Kartoffelsuppe, was auf Pfälzisch noch ein bisschen weicher und fruchtiger klingt: *Quetschekuche mit Grumbeersupp*.

Grumbeere

Die Kartoffel! Der Pfälzer hat ein ganz besonderes Verhältnis zu seiner *Grumbeer*. Er lebt in einem Land, das eng verbunden ist mit der nahrhaften Knolle und all ihren verschiedenen Arten. Hier in der Pfalz bekommen Kartoffeln oft schönere Namen als Kinder und Enkel. Das liegt wohl daran, dass viele Vorfahren die pfälzische Geschichte hindurch zu oft gehungert haben und auswandern mussten in den amerikanischen Teil der Welt, aus dem die Kartoffel dann nach Europa kam. So schließt sich der Kreis. Nirgendwo sonst sind die Zubereitungsarten von Kartoffeln brutaler als in der Pfalz: Hier werden die armen Knollen *gebrädelt* und *gequellt*, gar zerstampft, zermalmt oder zerdrückt zu *Stampes* (*und ab geht's in de Wampes*). Pfälzer Frühkartoffeln sind stets die ersten auf dem Markt.

Ende Mai bereits beginnt in der Pfalz, dem (Achtung, Superlativ!) größten, geschlossenen Frühkartoffelanbaugebiet Deutschlands, die Ernte. Darauf ist man hier so stolz, dass die Pfälzische Früh-, Speise- und Veredlungskartoffel-Erzeugergemeinschaft w. V. alljährlich einen Prominenten zum »Grumbeere-Botschafter« ernennt. Auch der Verfasser dieser Zeilen durfte 2015 diese ehrenvolle Aufgabe wahrnehmen und dichtete damals überschwänglich:

Oh du mei Grumbeer aus de Palz, du bisch so toll!
Du schäni kläni Knoll, vun dir krigg isch de Hals
gonz äfach niemols voll!
Isch lieb disch nackisch un mit Schal', egal.
Lieb disch gebrädelt un gequellt.
Lieb disch pomme-frittiert un weisch stampiert.
Du bischt immer gut zu meiner Schnut,
egal ob drocke, knuschprisch odder eelisch.
Kaum schmeck isch disch, schunn bin isch selisch.
Kaum füllscht mit Nährstoff un mit Kraft mein Ranze,
schunn könnt vor Glück isch danze.

Sterneküche

Wenn jetzt der Eindruck entstanden sein sollte, dass die Pfälzer sich am liebsten deftig und hausmannsköstlich ernähren, dann stimmt das. Aber nicht immer. Denn ein Land, das so heftig der Lebenslust frönt, ist ein guter Nährboden für alles, was essbar ist – auch wenn es in kleineren Portionen, dafür aber mit viel Kunst serviert wird als *Haute Cuisine*.

Nimmt man die Kurpfalz mit Mannheim und Heidelberg mit dazu, gibt es aktuell 14 Restaurants, die mit mindestens einem Stern des *Guide Michelin* ausgezeichnet sind. Und einige der jungen Küchenchefs experimentieren dabei gerne abenteuerlustig mit der traditionellen Küche der Region.

Der Durchschnittspfälzer an sich ist gehobener Küche und ihren Geschmackserlebnissen zwar nicht abgeneigt. Was ihn jedoch wegen seines überschwänglichen Naturells oft irritiert, ist die Diskrepanz zwischen der Größe des Tellers und der Kleinigkeit der Portion, die darauf angerichtet wurde. Nicht umsonst spricht der Pfälzer das Wort »Teller« mit weichem Auftakt, also *Deller*, aus, was durchaus programmatisch zu verstehen ist: ein *Deller* bezeichnet eine Porzellanplatte mit einer Delle in der Mitte, einer Vertiefung also, die garantiert, dass auch eine vernünftige Menge an Essbarem darauf und darin Platz findet. Wer einmal gesehen hat, welche Portionen in einer traditionellen Weinstube serviert werden, der kann nachvollziehen, dass so mancher hungrige Eingeborene stutzt, wenn ihm ein *Amuse-Gueule* serviert wird, das seine *Gosch* amüsieren soll, ohne dass sie dabei richtig befüllt wird.

Das mag in einem Feinschmecker-Restaurant ja noch angehen, wo es darauf ankommt, den Geschmack und nicht unbedingt das Völlegefühl zu zelebrieren. Allerdings haben inzwischen auch andere Etablissements damit begonnen, eine Art gehobene Küche einzuführen. So gibt es in mancher modernen Vinothek (früher: *Woistubb,* beziehungsweise *Woiprobierstubb*) an der Weinstraße inzwischen keine traditionellen Gerichte mehr, sondern hip klingende Sachen, die, mit einem Touch Regionalität versehen, immer noch irgendwie Heimatverbundenheit simulieren sollen: Pfälzer Tapas zum Beispiel. Das klingt nach großer weiter Welt, Urlaub, Heimat, allem gleichzeitig. Der Unterschied zu den echten Tapas besteht nur darin, dass man diese in Spanien zum Bier oder Wein einfach so hingestellt bekommt, also gratis, oder pfälzisch: *fer umme*. Wohingegen hier im neostylischen Sichtbeton-Ambiente einer Winebar die kleine Platte mit Geschmacksproben auch schon mal gerne über 20 Euro kosten kann. Tapas eben. Auf Pfälzisch: *Versucherle.*

Gebrauchsanweisung
Wie man einen Pfälzer Teller bestellt
und was er (nicht) beinhalten sollte

Die Grundregel lautet: Bestellen Sie NIEMALS einen »Pfälzer Teller«, wenn Sie nur einen normalen Hunger und keinen Begleiter dabeihaben, der Ihnen helfen könnte, den Fleischberg aus Saumagen, Leberknödeln (*Lewwerknepp*) und Bratwürsten samt Sauerkraut abzutragen, welcher sich auf einmal auf der überforderten Porzellanplatte türmt.

Immer einen »*Pfälzer*«, im besten Fall einen »*Pälzer*«, niemals aber einen »*Fälzer*« Teller bestellen! Ausnahme: Die Servicekraft ist selbst der pfälzischen Mundart nicht mächtig und tippt die wie auch immer artikulierte Bestellung sowieso nur als Nummer in ihr mobiles Bestelldisplay. Merke: Einheimische sind sehr sensibel, wenn der Name ihrer Heimat falsch ausgesprochen wird. Grundregel: F kann gerne weggelassen werden, P niemals! (Andere Beispiele: *Pundskerl, Penning, Peifedeckel*)

Erwägen Sie statt eines ganzen »Pfälzer Tellers« eventuell »nur« einen Saumagen zu bestellen. Bratwurst und Leberknödel gibt es auch in anderen Regionen Deutschlands (wenn sie dort natürlich auch nicht halb so gut schmecken – wie mir von einem Pfälzer Gastronom versichert wurde, der selbstverständlich ganz und gar neutral urteilte).

Falls es auch nach dem dritten Bissen der Eingewöhnung nicht schmecken sollte, nicht automatisch annehmen, dass das ursächlich mit der fremdartigen »Spezialität« zusammenhängt. Oft hat das, was nicht schmeckt, nichts mit Exotik, sondern mit Kulinarik zu tun.

Merke: Es gibt (glücklicherweise wenige!) Pfälzer Gaststätten, die keinen guten Saumagen machen, der daher sowohl dem Auswärtigen als auch dem Eingeborenen nicht schmecken kann.

Ersterer denkt: *»Igitt, so schmeckt das also. Nie wieder!«*

Letzterer schreit: *»Dunnerkeitel nochemol, des schmeckt jo wie en Spezialdeller fer Saarlänner.«*

Die Pfälzer Küche ist nicht dafür bekannt, dass sie besonders auf solche neumodischen *Ferzz* (Albernheiten) wie Vollwertigkeit oder Kalorienarmut achtet. Trotzdem gibt es auch in dieser beliebten und oftmals beleibten Region Grenzen des guten Geschmacks. Wenn also der Pfälzer Teller nur eine Art Fettauffanggefäß ist, in dem ein paar graue Teile toten Tieres herumschwimmen, dann lieber nicht essen und nach einem hungrigen Hund Ausschau halten.

Idealerweise ist der Pfälzer Teller ein schönes Gericht für eine kleine Großfamilie: Die Bratwurst für die Kinder, die Kartoffeln für die Mutter, der Rest für den Vater und die Gurkengarnitur für die Schwiegermama.

Schlechtestenfalls ist er schwer verdaulich und belastend – auch für das gesunde Verhältnis zwischen Auswärtigen und Eingeborenen.

Als Grundregel gilt: Ausprobieren! Bleiben Sie neugierig, schauen Sie sich um: So viele wohlgenährte, glücklich gerundete pfälzische Eingeborenenkörper. Da kann das Essen hier so schlecht also nicht sein. In diesem Sinne: *En Gude!*

Deidesheim und Helmut Kohl

Saumagen-Diplomatie und Geißbockversteigerungen

Wenn man über Pfälzer Essen spricht, dann gehört dazu natürlich auch Kohl. Der eine, der allerorten geruchsintensiv auf Pfälzer Feldern zu stattlicher Größe heranreift. Aber noch mehr der andere, Helmut Kohl, der wie kein zweiter das Bild des »typischen« Pfälzers in Deutschland geprägt hat.

Es war den meisten überregionalen Berichterstattern und Kommentatoren dabei egal, ob Helmut Kohl wirklich als Personifizierung einer ganzen Landsmannschaft taugte. Es war ihnen auch egal, dass Oggersheim, in dem sie den Mann immer gern verorteten und damit automatisch als provinziell abtun konnten, gar kein eigenständiger Ort, sondern Stadtteil von Ludwigshafen am Rhein ist. Aber wenn man über »den Oggersheimer« schrieb, war die Provinzialität, die man Kohl so gerne vorhielt, irgendwie schon phonetisch enthalten.

Helmut Kohl hat es seinen Kritikern und später auch seinen Freunden und Familienmitgliedern nicht leicht gemacht. Auch seinen pfälzischen Landsleuten nicht, die ihn ja schon alleine deswegen hätten mögen wollen, weil er ein bekennender Lokalpatriot war. Die nackten Zahlen sagen eigentlich schon alles.

Provinz und Weltpolitik

Er war einfach von allem etwas zu viel, zu lang, zu heftig gewesen: von 1969 bis 1976 Ministerpräsident des Landes Rheinland-Pfalz und von 1982 bis 1998 sechzehn lange Jahre lang Bundeskanzler. Von 1973 bis 1998 war er Bundesvorsitzender der CDU, bis 2000 Ehrenvorsitzender. Auch danach war keine Ruhe. Erst die CDU-Spendenaffäre, die nicht richtig aufgeklärt werden konnte, weil der Altbundeskanzler die Spender nicht nennen wollte, um sein »Ehrenwort« nicht zu brechen. Dann familiäre Katastrophen mit dem Selbstmord seiner Frau Hannelore, dem Bruch mit seinen beiden Söhnen, die neue Heirat mit der ehemaligen Kanzerlamtsmitarbeiterin Maike Richter. Und letztendlich der dramatische Schlusspunkt seines Todes – ohne seine beiden Söhne, mit einem europäischen statt deutschem Staatsakt. Und weil die Beisetzung nicht in seinem Familiengrab in Ludwigshafen, sondern in Speyer stattfand, wurde der Altkanzler quasi ins Domkapitel und damit ehrenhalber in den Klerus aufgenommen wie die deutschen Könige und Kaiser des Mittelalters.

Passender geht's wohl kaum für einen Mann, der irgendwie zu groß geraten war für die kleine Region, aus der er stammte. Und er war wohl auch mit einer zu großen Portion Selbsbewusstsein ausgestattet für so manchen elitären, hochdeutschen Naserümpfer, der gerne gesehen hätte, dass einer wie Kohl scheitert – und wenn nur an seiner unmöglichen Art, pfälzisches Hochdeutsch zu sprechen.

Helmut Kohl war für viele die Verkörperung des klischeetypischen Pfälzers: Rhetorisch – na sagen wir mal speziell, laut, ess- und trinkfreudig, heimatverbunden, gemütlich, hemdsärmelig, direkt. Ja, sogar seine Unbeherrschtheit könnte man unter die typischen Pfälzer Charaktereigenschaften einordnen.

Und doch war er mehr als nur das Fleisch gewordene Klischee des Pfälzers, als das ihn die überregionalen Medien gerne sehen wollten. Seine politische Raffiniertheit, das ausgeprägte Machtbewusstsein und strategische Kalkül, seine berüchtigte Fähigkeit des »Aussitzens« von Problemen waren Eigenschaften, die auch seinen pfälzischen Landsleuten eher unheimlich vorkamen.

So etwas gehörte in die große weite Welt der Politik, in die Welt der *Iuwerzwerche* (Übertriebenen) und in die sogenannte *Hotvolée*, in die Politschickeria in Bonn und später Berlin, die zwar glaubte, die Welt zu bewegen, auf einem einfachen Pfälzer Weinfest aber schon beim Bestellen untergegangen wäre.

Kohl konnte sich auf beiden Terrains sehr gut bewegen. Und genau das machte wohl auch seinen Erfolg aus.

Man kann sich heute nur noch schwer vorstellen, was damals auf die noch einigermaßen unentdeckte und ruhige Pfalz niederprasselte, als ein Ludwigshafener Bundeskanzler wurde und ziemlich schnell damit begann, seine Heimat als pittoreske Bühne für ganz spezielle Begegnungen mit ausländischen Regierungschefs zu nutzen. Plötzlich wurde dieser gesegnete, aber mehr oder weniger nur im *Off* der großen Touristenziele dahinfeiernde Strich von Land berühmt, beziehungsweise berüchtigt bei den Leuten, die nicht fassen konnten, was da in der Provinz auf einmal geschah. Es gab genügend Menschen, die für ihre Abneigung gegen den Politiker Kohl gleich seine ganze Heimatregion in Sippenhaft nahmen. Und die Pfalz wusste anfangs nicht so richtig, wie ihr geschah. Selten seit dem Erbfolgekrieg hatte sich eine Heerschar so zerstörerisch über sie hergemacht wie jetzt die Journalisten und sogenannten »politischen Beobachter«, die hier genau das bewiesen zu bekommen glaubten, was sie im Politiker Kohl schon immer sahen: Einfalt, Provinzialität und ignorantes Hinterwäldlertum.

So richtete sich ein Teil des politischen Zorns auch auf die Region, die Kohl so offensiv mit seiner »Saumagen-Diplomatie« ins *Wampenlicht* der Weltöffentlichkeit gerückt hatte. Wie war das damals mit Adenauer gewesen? Hatte man sich da auch so auf das Rheinland gestürzt, als der erste Kanzler der Nachkriegszeit sein provinzielles Bonn zur Zentralstelle der Macht erkor? Aber vielleicht war man so kurz nach dem Krieg noch ein bisschen mehr auf Konsens gebürstet, und die Rheinländer waren ohnehin eher gelitten als die Halbfranzosen von Pfälzern.

Wir haben nicht den Ehrgeiz, uns in die lange Liste der Schreiberlinge einzureihen, die das Phänomen Kohl erklären und bewerten wollen. Als Pfälzer hat man darauf eh seinen eigenen Blick. Und als Pfälzer Comedyant sowieso.

Als Lokalpatriot könnte man Helmut Kohl dankbar sein, dass er seine Heimatverbundenheit auch in die obersten Etagen der Weltpolitik hineingetragen hat.

Als die Ära dann aber zu Ende war und man die hinzugewonnene, neue Bedeutung gerne in Ruhe genossen hätte, da mussten die Pfälzer erleben, wie das schöne Dialektwort *Bimbes* (Geld) in allen überregionalen Gazetten eine merkwürdige Karriere erlebte. Wie so viele Mundartwörter ist *Bimbes* klangmalerisch und drückt schon durch seine Phonetik aus, welchen zweckmäßigen Stellenwert das Geld in der lebenslustigen Mentalität der Pfälzer einnimmt: Es ist Mittel zum Zweck – nicht mehr und nicht weniger. Doch auf einmal bekam dieses unschuldige, leicht ironische Wort einen kriminellen Beigeschmack, weil sich Kohl als Kanzler a. D. weigerte, die Namen der Spender zu nennen, deren milde Gaben er als CDU-Vorsitzender stillschweigend in die Parteikasse fließen ließ. Was folgte, war die vorübergehende Demontage eines Denkmals, das dann auch kein Ehrenvorsitzender seiner Partei mehr sein wollte. Und überall waren genervte Pfälzer anzutreffen, die auswärtigen Fragestellern nun neben dem Grundrezept für

Saumagen oder dem Mischungsverhältnis von Riesling-schorle auch noch erklären mussten, was es mit illegalen Parteispenden auf sich hat.

Zum Schluss dieses Kapitels sei noch eine bescheidene Frage erlaubt: Wäre die deutsche Wiedervereinigung überhaupt möglich gewesen ohne die Pfalz und ihre friedfertige Beschaulichkeit? Wo hätte man misstrauische Staatsgäste der sogenannten »Siegermächte« besser davon überzeugen können, dass auch von einem geeinten Deutschland keine Gefahr mehr ausgehen werde, als in der Pfalz, zwischen grünen Hügeln, Weintrauben und Blutwurststrudeln?

Der Pfälzer Kohl setzte diese Heimeligkeit seiner Heimat ganz bewusst in Szene. Sie war die Kulisse für seine *Ich-zeig-dir-meins-du-gibst-mir-deins*-Diplomatie, die »der Bundeskanzler der Einheit« Anfang der Neunzigerjahre so raffiniert betrieb.

Statt die Bundeswehr zum Ehrenspalier antreten zu lassen, fuhr er mit seinen Gästen lieber im Bus durch die Pfalz. Das Einzige, was dort in Reih und Glied stand, waren Weinreben, und ein paar nette, wohlgenährte Eingeborene am Straßenrand winkten brav und freundlich lächelnd. Es war einfach leichter, Friedfertigkeit zu demonstrieren, wenn man ausländische Staatsgäste von der hechelnden Hauptkleinstadt Bonn in die entspannte deutsche Provence der Pfalz brachte. Hier wurden automatisch Urlaubsgefühle wach. Und der Wein und das üppige Essen taten ihr Übriges.

In seinem Lieblingslokal, dem »Deidesheimer Hof«, betrieb Kohl seine später vom *Spiegel* als »Saumagen-Diplomatie« beschriebene Heimatfrontpolitik. Hier gab es die Hausmannskost der Einheimischen auf Gourmetniveau. Ob sie wollten (Gorbatschow) oder nicht (Thatcher), er hat sie alle in seine Heimat gelotst, irgendwie und sei es nur mit dem Versprechen, dass es dort etwas zu essen gibt, was die ausländischen Kollegen nie vorher und wohl nie wieder danach zu sich nehmen würden. Nur von Boris Jelzin ist überliefert, dass er seinen Koch anwies, das Rezept aus Deidesheim in Moskau nachzukochen.

Wie wäre nur alles gekommen ohne Riesling und Saumagen?

Wir wollen's mal ganz höflich ausdrücken: Gefüllten tierischen Verdauungsorganen aus der Pfalz ist es zu verdanken, dass es zur deutschen Wiedervereinigung kam. Gedankt hat das den Pfälzern zwar – pardon – keine Sau (mit oder ohne Magen). Aber letztendlich haben sie doch davon profitiert. Die Bilder aus dem romantischen Deidesheim gingen um die Welt, und dadurch wurde der Ort und die Region ein Begriff. Kein Fremdenverkehrsamt hätte sich das besser ausdenken und schon gar nicht finanzieren können.

Deidesheim ohne Kohl

Deidesheim mit rund 4000 Einwohnern und seit 1395 mit Stadtrecht war ein paar Jahre lang die geheime Provinzhauptstadt Deutschlands, wo in Weinstuben bei Blutwurststrudel und Riesling Weltpolitik gemacht wurde. Das kann man auch heute noch sehen. Wer im »Deidesheimer Hof«, der direkt am Marktplatz im Zentrum des Ortes liegt, einkehrt, für den wird schon der einfache Weg auf die Toilette im Keller zum Wandelgang durch die Ahnengalerie: eine lange Reihe von Fotos all der Prominenten, die hier von den Besitzern stolz und werbewirksam präsentiert werden.

Der »D-Hof«, wie er bei den Einheimischen einfach und leicht despektierlich genannt wird, ist nicht unbedingt die Adresse, wo sich die Eingeborenen versammeln. Hier treffen sich die betuchte Tourismuselite oder auch die Gourmets, die sich die Kochkünste im Sternelokal nicht entgehen lassen wollen. Die Tradition mit Kohl und Weltpolitik ist zwar wichtig, aber man hat sich nach dem Ende dieser Ära nicht auf den Saumagen-Lorbeeren ausgeruht, sondern weitergebastelt an diesem kleinen, großen Provinzmärchen.

Wie traurig hätte alles werden können, wenn die kleine Stadt nach dieser aufregenden Ära sich mit Nostalgie und Heldenverehrung begnügt hätte, nach dem Motto: »Hier saß der Kohl mit seinem Saumagen, hier trank Jelzin seinen achten Schoppen und verlangte lallend Nachschlag, dort drüben vor dem Rathaus stand Gorby und schüttelte Kopf und Hände …«

Dass es so weit nicht kam, daran hatte auch ein ortsansässiger Unternehmer aus Neustadt namens Achim Niederberger großen Anteil. Als er mit einem Werbeunternehmen Millionen gemacht hatte, beschloss er sein Hobby Wein zum Beruf zu machen. Im besten und innovativsten Sinne bodenständig begann er in die pfälzische Heimat zu reinvestieren. 2002 kaufte er mit dem Weingut Geheimer Rat Dr. von Bassermann-Jordan eines der traditionsreichsten Weingüter Deutschlands und der Pfalz. Das angrenzende Gutshaus wurde umgebaut und beherbergt heute ein Fünf-Sterne-Boutiquehotel, ein Bistro und ein Gourmet-Restaurant mit Michelin-Stern. Das allein schon wäre Glanzleistung genug gewesen für einen lokalpatriotischen Unternehmer mit einer großen Schwäche für einheimischen Genuss. In den folgenden Jahren aber kaufte Niederberger dann (teils aus ausländischer Hand) noch die Weingüter Reichsrat von Buhl und von Winning/Dr. Deinhard und wurde so mit einem Mal zum Besitzer der größten privaten Weinbergsfläche in Deutschland. Dazu kamen ein weiteres Hotel und zwei weitere Restaurants. Damit hat der Unternehmer die Genussszene seiner Heimat auf ein neues Niveau gehoben. Manche sprechen auch von einer »Revolution«. Das betrifft die moderne, architektonische Ausstattung der Restaurants und Hotels wie auch die Qualität der Weine, die durch Top-Leute an den Schaltstellen sehr schnell internationale Anerkennung fanden.

Zu Kohls Zeiten stand Deidesheim für typisch deutsch, sympathisch provinziell, für Saumagen und liebenswerte Piefigkeit. Dass auch damals vieles anders war, und sei es nur die Blutwurst auf Gourmetniveau, sollte dem geneigten Leser inzwischen klar sein.

Was hier aber zu Beginn des neuen Jahrtausends geschah, war etwas Neues, das Deidesheim zu einer der angesagtesten Genussadressen in Deutschland gemacht hat. Und weil weitere Weinmacher und Gastronomen sich an diesem Beispiel orientierten, sich darüber ärgerten oder sich davon inspirieren ließen und mit dieser Energie ihr eigenes Ding machten, profitierte auch das gesamte pfälzische Weinland davon.

Heute finden sich in der gesamten Pfalz verteilt, an der Weinstraße konzentriert, immer wieder kleine bis große Adressen, Vinotheken, Restaurants und Weinstuben mit raffinierter Küche, die sich von der soliden Eichenfurnier-Pfalz-Tradition abheben. Das Spektrum der Einkehr- und Genussmöglichkeiten ist breiter geworden. Hier der Reisebus mit der Seniorenbutterfahrt zum größten Fass der Welt nach Bad Dürkheim. Dort die exklusive Faßweinprobe der Großen Gewächse im Kellergewölbe. Und nur einige Kilometer weiter der Porsche-Ferrari-Parkplatz mit angeschlossener Vinothek. Wie der Wein schmeckt, ist dabei relativ egal, Hauptsache, die Aussicht auf die parkenden PS wird nicht blockiert. Egal, wie und auf welchem Niveau: *La dolce Pfälzer vita* ist überall.

Dass so etwas raffiniert Mediterranes fernab toskanischer Hügel und südfranzösischer Strände innerhalb Deutschlands möglich ist, in einer Region, die früher noch als typisch deutsch galt (trotz des fremdartig klingenden Dialektes), war bis vor einiger Zeit eine Art Geheimtipp. Am 21.12.2016 schrieb das Manager-Magazin unter dem Titel

»Downtown Deidesheim« noch: »… die urdeutsche Pfalz, und mit ihr das 4000-Einwohner-Örtchen Deidesheim, hat sich zu einem internationalen Hotspot für lässige Genießer entwickelt – ohne dass die Trendscouts zwischen Berlin und Hamburg Notiz davon genommen hätten.«

Und was denkt der pfälzische Eingeborene, der an einem Sonntag während der Weinlesezeit im Stau steht zwischen Hamburger und Münchner Großlimousinen: *»Ke Notiz genumme? Schää wär's!«*

Das »Projekt Deidesheim« des Achim Niederberger lief leider auch in den sonst so entspannten Pfälzer Landen nicht ohne Widerstände ab. Im Jahr 2011 wurden seinem Weingut von Winning in einer beispiellosen Aktion insgesamt 2,5 Tonnen Rotweintrauben geklaut. Und zwar direkt vom Rebstock. Mitten in der Nacht fuhr ein brutaler Vollernter durch die sonst nur feine Handlese gewohnte Toplage »Herrgottsacker« und ließ Spätburgundertrauben verschwinden, die für einen edlen Cuvée vorgesehen waren. Bis heute ist diese Aktion nicht aufgeklärt trotz Aussetzung einer Belohnung von 10 000 Euro. »Hass, Neid und Gier« machte der Betriebsleiter damals als Gründe für den Raubzug aus. Die 100 000 Euro Schaden wurden dann aber wohl relativ leicht wieder wettgemacht durch die kostenlose Publicity, denn die überregionalen Medien von *Spiegel* bis *Frankfurter Allgemeine Zeitung* ließen sich diese Story natürlich nicht entgehen und berichteten dementsprechend. Zwischenzeitlich hat dieser Fall auch Nachahmer in anderen Regionen gefunden (»Wenn die Diebe mit dem Vollernter kommen«).

2013 verstarb Achim Niederberger völlig überraschend im Alter von nur 56 Jahren. Das war zwar ein herber Verlust, tat aber der Dynamik des Ortes keinen Abbruch mehr. Deidesheim boomt. Weil hier zwei einflussreiche Einheimische am Werk waren, einer als lokalpatriotischer Politiker auf der Weltbühne und einer als Unternehmer, dem seine Heimat wichtiger war als internationaler Profit, ist Deidesheim weiterhin authentisch pfälzisch. Trotz zahlreicher Touristen, Gourmetgäste und Porsche-Klientel hat sich die kleine 4000-Seelen-Stadt weiterhin viel vom originalen pfälzischen *Spirit* bewahrt. Wie sich *Haute Cuisine* und Hausmannskost, Schoppenmentalität und Stielglas-Kultur, Garnelenspieße und Bratwurst auf bunte und einzigartig pfälzische Art vermischen können, ist am schönsten zu erleben beim Deidesheimer Weinfest, das immer im August an zwei langen Wochenenden gefeiert wird. Oder auf dessen winterlicher Entsprechung, die im Allgemeinen »Weihnachtsmarkt« genannt wird, im Prinzip aber auch nur der geselligen Nahrungsaufnahme dient.

Ein Beispiel, wie Deidesheim auch weiterhin seiner Tradition huldigt, ist eine Veranstaltung, die einzigartig ist in der gesamten Region: Die historische Geißbockversteigerung findet »seit urfürdenklichen Zeiten« immer am Dienstag nach Pfingsten vor dem Deidesheimer Rathaus statt. Im Jahre 1404 erstmals urkundlich erwähnte Weiderechte um Deidesheim waren der Grund, dass der rund 15 Kilometer entfernt im Pfälzerwald liegende Ort Lambrecht alljährlich einen sogenannten Tributbock liefern musste, der dann zugunsten des Deidesheimer Stadtsäckels versteigert wurde. Die Geschichte dieser Veranstaltung liest sich wie ein Theaterstück. Oft genug gab es Streitigkeiten und juristische Auseinandersetzungen. Laut Vertrag musste der Bock nämlich »gut gehörnt und gebeutelt« sein. Wie genau das auszusehen hatte, war wohl nicht immer allen Beteiligten so klar, also gab es bisweilen heftigen pfälzischen *Zores* (Zoff). 1808 musste gar Napoleon persönlich eine Verfügung unterzeichnen. Wunderbare Vorstellung, wie der Imperator auf seinem Spanienfeldzug sich inmitten von Strategiegesprächen und Schlachtgetöse auf einmal mit einem zu unterschreibenden Dekret konfrontiert sah, das die Versteigerung eines Ziegenbocks in der weit entfernten, französisch besetzten Pfalz regeln sollte. Kein Wunder, dass der genervte Feldherr nur vier Jahre später am Ende war.

Heute ist das Ganze ein Spektakel für Tausende Einheimische und Touristen. Warum auch hätte man diese Tradition aufgeben sollen, ist sie doch ein schöner Anlass für die pfälzischen Eingeborenen, ihrer Lieblingsbeschäftigung nachzugehen: dem Feiern samt oraler Aufnahme mehr oder weniger kunstvoll vergorener Weintrauben. Und es produziert so schöne exotische Nachrichten wie die, dass Bock »Roland« im Jahre 2015 für 4444 Euro von einem chinesischen Unternehmer aus Shanghai ersteigert wurde. Womit sich der Kreis dieses Kapitels schließt: Wenn die Pfälzer Provinz tobt, dann schaut die Welt hin.

Gebrauchsanweisung
Uromas Rezept für original Pfälzer Saumagen

Zwei Frauen haben die pfälzische Kochkunst geprägt, ihre Rezepte gelten bis heute als Klassiker der regionalen Küche: Anna Bergner (»die schöne Anna«, 1800–1882), die Wirtin des berühmten Lokals »Zu den vier Jahreszeiten« in Bad Dürkheim, veröffentlichte 1858 ihr »Pfälzisches Kochbuch«. Und Emmy Braun (eigentlich Luise Jacob, 1826–1904) aus Zweibrücken brachte 1886 ihr »Neues pfälzisches Kochbuch für bürgerliche und feine Küche« heraus, das in vielfacher Auflage erschien und neben der »Pälzisch Weltgeschicht« von Paul Münch (siehe Kapitel »Dialekt und Mentalität«) damals das meistverkaufte Buch in der Pfalz war. Auch in Nordamerika war es wichtiger Bestandteil fast jeden exil-pfälzischen Haushaltes.

Hier steht unter der Überschrift »Gefüllter Schweinemagen« eine der ersten Aufzeichnungen dieses Gerichts, das auch Jahrzehnte später unter internationalen Staatsgästen, Gourmetscouts und Touristen gleichermaßen für Neugier und exotische Esserlebnisse sorgen sollte.

Gleich am Anfang wird klar, dass der eigentliche Saumagen nicht von der Köchin selbst vorbereitet wird, sondern von einem Metzger kommt, der sich auf die fachgerechte Zerlegung seiner schweinischen Fleischlieferanten versteht.

»Bei dieser Speise muß besonders reinlich verfahren werden und man stellt daher den Magen, wenn er vom Metzger hergerichtet worden, nochmals 24 Stunden in Wasser, das öfter erneuert werden muß. Zur Fülle macht man in einem Topf ein [,] Stück Butter heiß, gibt feingeschnittene Zwiebel und Petersilie mit ¾ Kilo feingehacktem Schweinefleisch, Salz, Pfeffer, gepulverten Majoran und so viele, in ganz kleine Würfel geschnittene rohe Kartoffeln dazu, als man nötig hat, gießt 1 Löffel voll heißes Wasser oder Fleischbrühe darüber, läßt es einige Minuten dämpfen, gibt die Fülle in den Magen näht ihn sorgfältig zu, kocht ihn 1 Stunde in Salzwasser und bratet ihn dann auf beiden Seiten schön dunkelgelb mit 1 Zwiebel, 1 Gelberübe und 2 Brotkrusten. Hat dies alles eine schöne dunkelbraune Farbe bekommen, so nimmt man den Magen heraus, gießt einige Löffel voll Fleischbrühe in den Topf, läßt die Sauce aufkochen, treibt sie durch ein Sieb und gibt sie besonders.«

Wein

Große Gewächse zwischen Stil- und Dubbeglas

Nach all den detaillierten Ausführungen über mehr oder weniger fetthaltige Nahrungsmittel samt ihrer Auswirkungen auf die Weltpolitik, könnte man denken, die Pfälzer denken nur ans Essen. Was natürlich nicht stimmt. Die Pfälzer denken nämlich nicht nur ans Essen, sondern auch noch ans Saufen. Und dieser Ausdruck ist in diesem Zusammenhang überhaupt nicht negativ gebraucht. Denn ein altes Sprichwort sagt: *»In de Palz muss einer schon viel saufe, bis man sagt: der trinkt!«*

Zumindest an der Weinstraße ist Wein so etwas wie ein Grundnahrungsmittel. Wird also ein typischer Pfälzer, der am Tag durchschnittlich zwei bis drei Schoppen *petzt*, von seinem Hausarzt gefragt, ob er Alkohol trinke, und er antwortet mit »Nein«, dann hat er nicht gelogen – aus seiner Sicht zumindest.

Pfälzer Grundnahrungsmittel

Man sagt ja gerne, dass Wein gesund ist, wenn er in Maßen genossen wird. Wobei wir zugeben müssen, dass zahlreiche pfälzische Eingeborene »in Maßen« nicht mit scharfem S, sondern grundsätzlich mit zwei S schreiben: Wein in Massen und in allen Gassen – im größten Riesling-Anbaugebiet der Welt hat man eine ganz eigene Art, mit kunstvoll vergorenem Traubensaft umzugehen.

Das Pfälzer Weinuniversum besteht aus zwei verschiedenen Welten, die symbolisiert werden durch die Gegensatzpaare: Schoppenglas und Stielglas, Weinfest und Weinprobe, Rieslingschorle und Großes Gewächs. Beide Welten schließen sich nicht unbedingt aus, auch der beste und hochdekorierte VDP-Winzer (VDP steht für Verband Deutscher Prädikats- und Qualitätsweingüter e. V.) hat seine Schoppengläser im Schrank und kann die Vorzüge einer perfekt gemischten Pfälzer Rieslingschorle sicher mit genauso adjektivreichen Sätzen beschreiben wie seine Grand Crus.

Dass es diese beiden Dimensionen gibt, die das Weinland Pfalz so speziell und abwechslungsreich machen wie kein zweites, hat sich in gewissen Kreisen allerdings nur langsam herumgesprochen. Dass die Einwohner gerne aus Blumenvasen tranken, schien Beweis dafür zu sein, dass dieser Landstrich nichts weiter konnte und wollte als Massenweine zu produzieren. Durch den Glykolwein-Skandal (Versatz des Weines mit Flüssigzucker), der Mitte der Achtzigerjahre hauptsächlich in Österreich losgetreten wurde und bis in die Pfalz und Rheinhessen schwappte, schienen sich gewisse »Kenner« bestätigt zu fühlen, die hier niemals nach gutem Wein gesucht hätten.

Weinstube *old school*

Zugegebenermaßen war vor 30 Jahren eine gewisse altbackene Pfalz-Folklore wirklich noch real: Römergläser mit geriffelt-grünen Stilen, im Glas kunstkitschig eingravierte Weinreben, als Untersetzer papierne Weinblätter mit der Telefonnummer des Betriebs.

Und am Wochenende rollten die Butterfahrten aus Niedersachsen im Reisebus die Weinstraße entlang. Neugierige Gesichter, staunende Touristen und beim Blick auf das Rebenmeer sachkundige Kommentare: »Schau' mal! Da vorne wächst die Schorle!«

Dann wurde ein Stopp im Weingut »Mostschrauber« eingelegt, wo die Besucher von einem rotbackigen, blaunäsigen, eingeborenen Kellermonster begrüßt wurden. Ganz wie das Klischee es verlangte, steckte der Weinmacher in einem blau-weiß gestreiften Kittel, von dem man nicht genau wusste, ob das jetzt die klassische pfälzische Winzertracht war oder nur sein Schlafanzugoberteil, das er nicht mehr ausziehen konnte, weil er mit seinem kugelsicheren Ranzen drin stecken geblieben war. Zum Probieren gab es dann eine kariessüße oder essigsaure Flüssigkeit, die hauptsächlich deshalb an Touristen ausgeschenkt wurde, weil sie sonst keiner trinken, geschweige denn kaufen würde.

So muss das wohl teilweise mal gewesen sein: Die Pfalz als Abfüllstation für all die, die eigentlich lieber Bier trinken, aber hier in der exotischen Fremde auch mal offen sind für andere legale Drogenerfahrungen.

Passend dazu gab es die klassischen pfälzischen Weinsprüche und -gedichte:

> Eher soll die Welt verderbe
> als vor Dorscht en Pälzer sterbe.

Oder Stücke, die heute als dadaistisch anmutende Miniaturen bei so manchem Poetry-Slam abräumen würden:

> Guter Mond du weisch's jo wohl,
> es is doch eine Schmach.

Du bischt im Jahr nur zwölf mol voll,
isch bin's ball alle Daach.

Das waren auch die ruhmreichen Zeiten der echten Pfälzer Weinstuben, von denen es heutzutage noch immer ein paar museal anmutende Exemplare gibt. Damals waren das echte Designhöllen, dominiert von Deutsch-Dunkel-Eichen-Barock, die Wände, der Boden, die Decke, die Täfelung – alles schweres, dunkles Holz. Das war schon dunkel, als es eingebaut wurde, damals in der Zeit vom Wiener Kongress. Seit 1815 wurde es dann aber über die Jahrzehnte hinweg nachgedunkelt, hausgeräuchert mit Reval-Zigaretten-Rauch, Schoppen-Schweiß und Metzel-suppen-Dampfschwaden. Ein gemütlicher Raum, robustes Sitzmobiliar. Auf Holzstühlen festgetackert waren Sitzkissen, an deren Ausbeulungen und Vertiefungen man sehen konnte, dass schon mehrere Generationen hier ihre Spuren hinterlassen haben, nicht nur durch Sitzfleischabdrücke, sondern auch durch Ausdünstungen aller Art. Oder, wie würde man ohne sich die *Gosch* zu verrenken mit Pfälzer Direktdiplomatie sagen: *durschgfurzt halt.*

Und neben der langen Theke befand sich der Stammtisch. Dort saßen immer zwei Eingeborene, die waren immer da, morgens, mittags, abends, samstags, montags – die waren festgeschraubt in ihrer Eckbank. Mit einem Hirschgeweih obendrüber, dass nichts passiert. An der Decke ein Kronleuchter mit mehreren hundert 100-Watt-Glühbirnen, die den Raum so gemütlich illuminierten wie das Fritz-Walter-Stadion bei einem Flutlichtspiel. Und die Speisekarte! Die bestand aus einem Stapel aneinanderklebender (besser pfälzisch: *babbender*) Klarsichthüllen, die beim Umblättern dieses ganz spezielle Geräusch von sich gaben, das jeder kennt, hier aber nur ungenügend in Buchstabenform wiedergegeben werden kann: *ffft, ffft* … Unter den Ablagerungen mehrerer Generationen von Biskin-Ausdünstungen konnte man dann schemenhaft die Schlüsselworte der palatinen Eingeborenen-Küche erkennen:

Griebe, Worschd, Schwarte, Magen, Blut, Lewwer,
Schlachteplatt, Schlachteplatt, is die Sau als noch net
satt.

Zu trinken gab's Wein, besser: *Woi*, aus der Literflasche. Darauf ein gelbes Siegel: »Für Diabetiker geeignet«. Beim Trinken musste man dann feststellen, dass es vom Säuregehalt her sicherlich auch geeignet war für den Chemieunterricht oder zum Abbeizen von Möbeln.

So ungefähr könnte man diese alten Zeiten beschreiben. Noch gibt es ein paar dieser Etablissements, Relikte einer vergangenen Epoche, als die Pfalz vielleicht wirklich noch so altbacken und simpel war, wie manche das immer beschrieben haben. Diese übrig gebliebenen alten Weinstuben muten heute schon fast exotisch an, Zeitmaschinen, in denen man in zurückliegende Epochen reisen kann, als *der Woi noch furzzdrogge und die Worschd noch billisch war.*

Es hat sich viel geändert in der Pfalz während der vergangenen Jahrzehnte. Aber trotz allen Ruhms, den pfälzische Weine inzwischen wieder einsammeln konnten, die andere Seite der pfälzischen Weinkultur lebt und tobt wie eh und je mit Schoppengläsern, Schorlepetzern, Schunkelliedern und Trinksprüchen heftigster Art. Und sie werden wohl auch nie aussterben, denn das ist Volkskultur und Bodenständigkeit im besten Sinne. Nicht umsonst hat sich um Weinfeste und Dubbegläser eine Art Kult entwickelt. Im pfälzischen Weinuniversum geht es gerne extrem zu: Halblitergläser, Schoppengewitter, Dubbeglasbrüder, Weißherbstschorle und Trollschoppe und »*Proscht, Proscht, Proscht, dass die Gorgel net verroscht!*«.

Und daneben: Rieslinglagen von Weltruf, Große Gewächse aus jahrhundertealten Traditionsweingütern, preisgekrönte junge Winzer mit kreativen Ideen und neuen Wegen, auch im Bereich Rotwein. Wenn es um Spätburgunder geht, gilt die Pfalz bei manchen Kennern inzwischen gar als das bessere Anbaugebiet, weil bezahlbarer und qualitativ ebenbürtig mit dem Burgund. Zwangsläufig kommt auch internationale Anerkennung mit Preisen und Auszeichnungen und großen Artikeln in einschlägigen Magazinen, die manchmal immer noch mit einem leicht verwunderten Unterton berichten, dass so etwas Großartiges hier in der Pfalz möglich ist.

Zwischen dem Zellertal im Norden und der französischen Grenze im Süden brodelt eine lebhafte, innovative Weinszene, deren allgemeines Qualitätsniveau beeindruckend ist. Überall sprudeln die Ideen, Familienbetriebe, in denen die nächsten Generationen nun das Sagen haben, werden auf einmal hip. Selbst Traditionsweingüter mit historisch wohlklingenden Namen gehen neue Wege in Marketing und Design. Erfolgreiche Weinmacher erweitern ihre räumlichen Kapazitäten und bauen architektonisch gewagte Gebäude in die Weinberge.

Weinstube hip = Vinothek

Und überall wachsen die Vinotheken aus dem Boden. Selbst so mancher altgediente Winzer versucht heute sein Weingut (und bisweilen auch seinen durchschnittlichen Wein) durch den Neubau einer Vinothek, zumindest aber einer Probierstube aus Stahl und Glas aufzuwerten. Heute gibt es überall *Wine-Lounges*, *Winebars* und *Vinorants*. Das sind keine Designhöllen mehr, sondern Locations, die aussehen wie frisch eröffnete »Wellnässer-Hotels«, mit LED-Leuchten und bunten Lichtern und Sitzmobiliar im Launsch-Flaunsch-geil-Style. Alles ganz hip und minimalistisch.

Wenn man die Stammtisch-Dubbeglasbrüder in der alten Weinstube von ihrer Eckbank losschrauben und hier reinhocken würde in eine Vinothek des 21. Jahrhunderts – sie würden wohl denken, die Aliens seien gelandet. Oder schlimmer noch: die Schwaben wären einmarschiert und hätten die Pfalz ans Saarland verscherbelt.

Aber für die alten Weinstubenveteranen wurde das hier ja auch nicht gebaut. Sondern für die exquisite Schar ausschwärmender Wochenendtouristen, die einrollen in Frankfurter Cayennes und Stuttgarter SLKs und Karlsruher Z4s. Alles voll: der Parkplatz, die Vinothek und die Leute – voll! Manche kommen nur, um auf der Terrasse zu sitzen und ihr geparktes Premium-Automobil neidvoll mit anderen Luxuslimousinen zu vergleichen. Und damit nicht so auffällt, dass man eigentlich nur zum »*Car-Envy-Sharing*« da ist, trinkt man halt einen Wein dazu. Den gibt es hier nicht mehr im Schoppenglas, oh nein. Sondern im Stielglas: 0,1 Liter Blanc de Blanc für acht Euro 50 – der blanke Wahnsinnn.

Alte Stimmungslieder hört man hier auf keinen Fall. So etwas wie

Ja so en gude Palzwoi,
der laaft em in de Hals noi,
der laaft em durch die dorschdisch Kehl,
der macht dich froh und kreuzfidel!

Das ist was fürs einfache Volk. Hier sind übrigens neben den Posern auch ein paar echte Wein-Verkenner am Start. Die haben einen Kurs gemacht in »Sense-Ohr-ik«. Sie horchen also in den Wein hinein. Und dann riechen sie dran, verdrehen dabei die Augen und sagen dann so fachmännische Sachen wie: »Dieser Wein schmeckt nach Toast und feiner Borke mit Noten frisch benutzter Kinderwindel … mmmh! Welch ein Abgang. Da geht mir voll einer ab.«

Wobei wir ehrlich bleiben sollten. Auch einheimische Weinkonsumenten bedienen sich oft einer sehr eigenwilligen Sprache, wenn es darum geht, Wein zu bewerten. Wenn ein Eingeborener ein richtig teures Großes Gewächs vor sich stehen hat, einen Riesling mit Punkten und Prämien und Parker und Hosianna, also so einen echten *Grand Cru de la portemonnaie* –, dann holt der einheimische Weinkenner tief Luft, um das größte Lob ins Universum zu entlassen, dessen ein Pfälzer in der ihm so ureigenen überschwänglich-emotionalen Art fähig ist: *»Net schlescht. Konn ma trinke.«*

Schoppengläser und Rieslingsschorlemischungsverhältnisse

Der Pfälzer Weinfest-Connaisseur unterscheidet zwei Arten des 0,5 Liter-Schoppenglases: das glatte, zylindrisch gerade, auch als Weinstange bezeichnete und das konische, nach oben weiter werdende Dubbeglas, auch *Dubbeschoppe* genannt, dessen Namen von den eingearbeiteten runden Vertiefungen (*Dubbe* = hochdeutsch: Tupfen) herrührt. Während ersteres hauptsächlich in der Südpfalz und an der Südlichen Weinstraße gebräuchlich ist, verbreitet sich zweiteres von seinem Erfindungsort Bad Dürkheim aus immer weiter in alle Winkel des pfälzischen Universums. Man hat das Dubbeglas einfach zu gern in der Hand, dort liegt es sicher und fest mitsamt seinem wertvollen Inhalt.

Erfunden wurde dieses schöne Gefäß der Überlieferung zufolge von Metzgern in Bad Dürkheim. Der Grund lag auf oder vielmehr in der Hand: Immer wieder passierte es, dass dem weinfrohen Esser nach dem Genuss ein oder mehrerer Würste oder anderer nicht weniger fettarmer pfälzischer Fleischerzeugnisse das sonst benutzte glatte Schoppenglas einfach so aus *de droppsende Griffel* (den tropfenden Fingern) rutschte. Um diese Verluste auszuschließen, musste ein Glas erfunden werden mit Haltegriffen in Form von Saugnapfstellen: das Dubbeglas. Hier werden die Fingerkuppen einfach in die passenden Vertiefungen gelegt und saugen sich dann automatisch fest. Wodurch das Glas mitsamt seinem kostbaren Inhalt immer sicher ist – egal, in welchem schwankenden Zu(!)stand sich der Halter auch befinden mag.

Heute ist das Dubbeglas Kultobjekt für Touristen und Einheimische gleichermaßen. Es gibt bedruckte Gläser für alle möglichen Anlässe von Jubiläen, Firmenfesten, Filmpremieren (*»Hiwwe wie Driwwe«*) oder mit persönlicher Gravur für private Feierlichkeiten (*»Des is'm Heiner seiner!«*). Es gibt Dubbeglas-Halter für den Gürtel, in denen das Glas wie der Revolver in einem Holster eingehängt werden kann, damit der Weinfestgänger noch genügend Griffkapazitäten frei hat für andere wichtige Dinge wie Nahrungsaufnahme, leibliches Wohl oder … äh … Essen. Es gibt Kettenanhänger in Gold. Es gibt sogar Möbel, überdimensionale Dubbegläser als Stehtisch in Holz oder Kunststoff mit LED-Wechselfarbenbeleuchtung samt Fernbedienung.

Jedes Jahr zum größten Weinfest der Welt, dem Wurstmarkt in Bad Dürkheim, wird ein neuer »Dubbeglasorden« entworfen, ein kleiner Button mit Jahreszahl samt sinnigem Spruch und daran angehängt ein Mini-Dubbeglas aus Plastik. Daraus sind begehrte Sammlerstücke geworden, die an den Ausschankstellen ganz schnell ausverkauft sind. Kein Wunder bei den darauf abgebildeten Bonmots, die sich oft auf lokale Ereignisse beziehen, manchmal aber auch nur die tief liegende Logik des Weinfestbesucherhirns nach mehreren Schoppen Rieslingschorle widerspiegeln. 2016 hieß es zum Beispiel überaus poetisch: *»Groß die Worschd, größer de Dorscht«*.

Es wurden auch schon Hardcore-Lokalpatrioten gesichtet, die sich Dubbegläser als Tattoo auf den Oberarm oder andere Körperteile stechen ließen, zum Beispiel auf die

Rückseite des Oberschenkels, wo sich bei manchen Leuten ohnehin echte dreidimensionale Natur-Dubbe finden lassen.

Der Kult, der um diese Gläser betrieben wird, zeigt, wie wichtig dem Pfälzer und Tausenden Besuchern diese Weinfesttradition ist, wobei der Massenwein heutzutage durchaus Qualität hat. So wurde in der Pfalz die Rieslingschorle zum Champagner des kleinen Mannes.

Umso wichtiger ist das richtige Mischungsverhältnis. Viel schon ist gewitzelt und pseudowissenschaftlich sinniert worden über die Art, wie Pfälzer ihre Weinschorle mischen. So mancher Tourist, der in einer Weinstube laut sagt: »Ich muss noch fahren, ich trinke heute nur Schorle«, weiß nicht, wie viel Wein eine Pfälzer Schorle wirklich enthält. Und wenn dann plötzlich unter den Einheimischen am Nebentisch Stimmen laut werden wie *»Kumm do, isch geb dir einer aus!*« und plötzlich ungefragt ein gefülltes Schoppenglas vor dem vorlauten Fahrer steht, dann – wir müssen's hier zugeben – sind das Menschenversuche, die Eingeborene gern mit ihren unwissenden Besuchern machen. Glücklicherweise wird das von denen immer noch als Gastfreundschaft interpretiert.

Dass in einer pfälzischen Weinschorle auf jeden Fall mehr Wein als Wasser enthalten sein muss, versteht sich bei dem großen Durst der Pfälzer von selbst.

Die berühmte »Vier-Finger-Regel« gilt allenthalben als flüssiges Gesetz. Sie einem Novizen mit normalem Trinkverhalten zu beschreiben ist indes nicht ganz so leicht. Zitieren wir also die legendäre Szene aus dem Pfalz-Krimi *Elwenfels*, in der der Hamburger Privatdetektiv Carlos Herb in der Weinstube des mystischen Ortes seine pfälzische Initiation erlebt:

»Obacht!« dröhnte Willi ihm ins Ohr. (…)
Er zog den Korken von der grünen Weinflasche und stellte sie neben das Glas. Dann drehte er den Verschluss

von der Mineralwasserflasche und stellte sie
in die Reihe.

»Wie mischt man en Pälzer Schorle?!«

Bei dieser Frage drehte er sich von der Theke weg,
um den gesamten Gastraum mit einzubeziehen.

Carlos blickte nach hinten. Die Gespräche an dem
großen Tisch waren verstummt, alle Augen waren auf
die Szene an der Theke gerichtet. Auf einmal hatte sich
die Gaststube in ein Klassenzimmer verwandelt.

Theatralisch hob Willi eine Hand in die Höhe,
wobei er die Finger eng zusammenlegte und den
Daumen darunter versteckte.

»Vier Finger!«, rief er in den Raum.

Und dann zu Carlos: »Ganz einfach, odder?«

Carlos hatte keine Lust mehr, sich hier vorführen zu
lassen.

»Ja, genau. Vier Finger Wein, vier Finger Wasser«,
sagte er so lässig wie möglich.

Ein Raunen ging durch den Gastraum.

Willi lächelte jetzt väterlich. »Fascht richtig.«

Er legte eine Hand an das Glas, packte mit der
anderen Hand die grüne Flasche und goss den Wein ins
Glas bis der vierfingrige Pegelstand erreicht war.

Damit war der Bottich allerdings schon fast ganz gefüllt.

»Un jezt noch e' mal vier Finger!«

Er drehte die Hand in die Waagrechte,
setzte sie an das obere Ende des Glases und
goss einen kleinen Schwall Mineralwasser dazu.

»Des is en Pälzer Schorle!« verkündete Willi
donnergleich.

Gebrauchsanweisung
Wie unterscheidet man eine pfälzische
von einer schwäbischen Weinstube

1. Szene:

Der auswärtige Besucher betritt eine pfälzische Weinstube. Zahlreiche Einheimische sitzen alle zusammen an
einem Tisch und reden wild und laut durcheinander. Der
Gast zögert und bleibt im Türrahmen stehen. Als die Ein-
geborenenschar seiner gewahr wird, bricht das laute Gebabbel ab. Misstrauische Blicke mustern den Neuan-
kömmling, der zunehmend nervöser wird. Nach einer fast
unendlich erscheinenden Weile des Schweigens hebt einer der Pfälzer am Tisch eine mit Wein gefüllte Blumen-
vase in die Höhe, streckt dem Besucher sein eckiges Kinn
entgegen und schreit mit feuchter Aussprache: »*Ah, du
siehscht awwer mol durschdisch aus. Kumm, do hock
disch her!*« Im Nu sitzt der Auswärtige inmitten der nun
wieder munter krakelenden Eingeborenen und bekommt
eines dieser Tupfengläser mit überschwappender Flüssigkeit in die Hand gedrückt. »*Do! Bei uns is noch niemond
verdorschdet, gell?!*«

SCHNITT // 2. Szene:

Der auswärtige Besucher betritt eine schwäbische
Weinstube. Mehrere Tische sind besetzt mit jeweils einem
einzelnen Besucher, der stumm in die flache Tiefe seines
Viertele-Gläsles starrt.

Der Gast zögert und bleibt im Türrahmen stehen. Als
man seiner gewahr wird, recken sich ihm Gesichter mit
aufforderndem Ausdruck entgegen. Ein Schwabe, der der
Tür am nächsten sitzt, hebt die Hand, reibt in wohlbe-
kannter, monetärer Geste Zeige- und Mittelfinger mit dem
Daumen aneinander und zischt: »*Was isch? Gebbsch oin
aus?*«

Feste

Schoppengewitter und Riesling in Blumenvasen

Dass die Pfälzer ein trinkfestes, lebenslustiges Völkchen sind, darauf wurde bisher ja immer mal wieder pfälzisch dezent hingewiesen. Am besten umschreibt man dieses Phänomen mit einem eigenen Adjektiv, das für diese Landsmannschaft extra erfunden wurde: feierwütig.

Gemeint ist damit der ständige Drang, möglichst unter freiem Himmel aller Welt zu zeigen, dass man schafft, also arbeitet, um zu leben – und nicht umgekehrt. Und das ist eine Maxime, mit der sich die Pfälzer bei genauerem Hinsehen schon von manch anderem teutonischen Volksstamm unterscheiden. Dass es wichtig sei, das Leben zu genießen, ist für die meisten Pfälzer nicht nur eine dahingesagte Leerformel, sondern ein Vorsatz, der oft genug mit geradezu frenetischer Konsequenz in die Tat umgesetzt wird.

Im März, wenn andere Deutsche noch in Daunenjacken vor sich hin bibbern, sitzen die Pfälzer im Idealfall schon unter blühenden Mandelbäumen in der Sonne und feiern. Das heißt, sich mit Mitmenschen treffen, um pfälzischen Grundbedürfnissen nachzugehen: Trinken, Essen und Babbeln. Diesen Lieblingsgeschäftigungen wird das ganze Jahr über viel kostbare Zeit geopfert, die man anderswo vielleicht mit Kehrwoche, Autowaschen oder RTL verbracht hätte.

Im Frühling und Sommer locken pfalzweit unzählige Feste. Und im Winter verabschieden sich die müden Feiernden abgefüllt in ihre beheizten Stuben? Weit gefehlt! Im November und Dezember werden die Weinfeste einfach umbenannt in »Weihnachtsmarkt«, und das Gelage kann weitergehen, mit kleinen Variationen: Statt unter Weinranken sitzt man unterm Heizpilz, statt kaltem Riesling gibt es hie und da Glühwein (natürlich direkt vom Winzer aus Pfälzer Rotweintrauben), der auch gerne in original Dubbetassen ausgeschenkt wird, kleinen Porzellanschoppengläsern mit Henkel.

Wie ausgeprägt und von offizieller Stelle auch noch gefördert diese pfälzische Feierwütigkeit ist, wird erst richtig klar, wenn man den Weinfestkalender der »Pfalzweinwerbung« in die Hand bekommt, eine zwar kleine, nur sieben mal zehn Zentimeter messende, Kalenderbroschüre (auch als Download unter www.pfalz.de) mit heftigem Inhalt, der mit dem Titel »Die Pfalz feiert« nur angedeutet werden kann.

2017 waren darin aufgelistet über 500 Feste, mehr als zwanzig Weinmessen und zehn autofreie Erlebnistage. Der kluge Kopfrechner wird sofort feststellen, dass es also, umgelegt aufs ganze Jahr, Tage geben muss, an denen mehr als ein Fest stattfindet. Und in der Tat, zur Hochzeit der Festaktivitäten, also im Sommer und Herbst, gibt es Tage, an denen mehr als zehn verschiedene Feste gleichzeitig stattfinden. Es soll nicht wenige Einheimische und auch Touristen geben, die dann Fest-Hopping betreiben. Denn abgesehen vom steten Fluss des Weines, gleicht kaum ein Fest dem anderen. Vom kleinen romantischen Dorffest mit Kinderkarussell und ein paar Sitzbänken auf der Gasse bis zum Ortsevent mit offenen Höfen, ausgewiesenen Busparkplätzen und riesigem Jahrmarkt ist da alles vertreten.

Und weil es zu auffällig wäre, einfach nur zu feiern, weil man feiern will, hat jedes dieser Feste natürlich eine eigene Tradition, einen historischen Anlass oder einen bestimmten jahrszeitlich bedingten Grund. Die meisten haben etwas mit – große Überraschung, wer hätte das gedacht? – Wein zu tun.

Vielen Orten ist es zu wenig, nur einmal im Jahr zu feiern. Und damit es nicht ganz so auffällig ist, dass manchmal die Feste nur um ihrer selbst willen organisiert werden, müssen gute Gründe und passende Anlässe gesucht werden. Blüten zum Beispiel eignen sich hervorragend dafür: Rebblütenfest, Mandelblütenfest, Apfelblütenfest, Birnenblütenfest, Handkäsblütenfest. Na ja, Letzteres gibt's nicht wirklich, abgesehen vom legendären *Loschder Handkäsfescht* im südpfälzischen Lustadt, das durchaus wilde Blüten treiben kann. Oder wie wär's mit einem Fischerfest? Das geht immer. Egal, wo man hinkommt, sogar irgendwo im hintersten Winkel des Pfälzerwaldes, kein Bach, kein Teich, noch nie ist dort etwas mit Flossen lebend vorbeigeschwommen. Egal: Fischerfest.

Was gibt's noch: *Worschtzippelfeschd*, *Keerchhoohekerwe*, *Fassschlubberfeschdl*, *Raachhinkelfeschd*. So vielseitig und kreativ die Pfälzer sind beim Erfinden von Anlässen, beim eigentlichen Feiern wird das Ganze dann doch wieder relativ vorhersehbar, machen die Eingeborenen doch wieder genau das, was von ihnen im Allgemeinen erwartet wird: Trinken, Essen, Babbeln. Siehe oben!

Das ist zwar ziemlich offensichtlich. Macht aber trotzdem Spaß. Es sind diese Geselligkeiten, Abartigkeiten und Zwischenmenschlichkeiten, die die Pfalz zu einem besonderen Land machen, wo das gesprochene, das gebabbelte Wort immer noch mehr wert ist als das ins Smartphone gewischte. Hier gibt es für Soziologen und Psycholinguisten noch Gelegenheit, echte Feldforschung zu betreiben, die dann als kluge Abhandlung folgenden schönen Titel tragen könnte: »Das Zusammensein größerer Menschengruppen mit dem sozialen Zweck der zwischenmenschlichen Kommunikation unter sich durch Alkoholeinfluss stetig verändernden Bedingungen des Bewusstseinszustands«.

Der Dürkheimer Wurstmarkt

Das wohl berühmteste Pfälzer Fest und selbsterklärtes »größtes Weinfest der Welt« findet alljährlich am zweiten und dritten Wochenende im September in Bad Dürkheim statt. Es hat einen sehr pfälzischen Namen: »Dürkheimer Wurstmarkt«, pfälzisch: *Worschdmarkt*, von den Einwohnern selbst auch gern mit dem liebevollen Kürzel »WuMa« bezeichnet. Wobei die Wurst hier wirklich nur eine Nebenrolle spielt. Nur Dürkheimer Winzer dürfen hier ausschenken, und das auch nur nach strengen Regeln, über die ein eigener, von der Stadt bestellter Winzermeister wacht.

Insgesamt werden an die 300 verschiedene Weine und Sekte angeboten, und dabei sind mindestens 30 000 Dubbeschoppengläser im Einsatz. Während der neun Tage kommen rund 680 000 Besucher in die nur 18 000 Einwohner zählende Kurstadt an der Weinstraße. Das erfordert Planung und Logistik, die anderswo selbst größere Städte überfordern würde, hier aber mit traditionsbewusster Ernsthaftigkeit und dem pfälzischen Hang zum *Dischbediere* (diskutieren) gemeistert wird. Manch einer sagt, dass der »Fest- und Wurstmarktausschuss« mit seinen begehrten Plätzen das wichtigste politische Gremium Bad Dürkheims ist, noch vor Gemeinderat und Bürgermeisteramt.

Auch bei Pfälzern hört beim Feiern der Spaß irgendwann auf. Die jahrelange und für deutsche Verhältnisse eigentlich unglaubliche Praxis, keine Sperrstunde einhalten zu müssen, also im Prinzip rund um die Uhr Schoppen füllen und leeren zu können, ist seit ein paar Jahren ein-

geschränkt, weil sich Anwohner des Festgeländes erfolgreich beschwert hatten und dabei herauskam, dass die
rechtlichen Grundlagen für das Rund-um-die-Uhr-sorg-
los-Paket für Schoppenpetzer eigentlich so gar nicht vor-
handen waren. Aber auch mit Einschränkungen wird so
oder so pfälzisch locker und pragmatisch irgendwie weiter
um die Wurstmarkt-Sperrstunde um 2 Uhr nachts herum-
gewurschtelt.

Der Dürkheimer »WuMa« ist die pfälzische Version des
Münchner Oktoberfestes – nur ohne die elitäre Exklusivi-
tät mit zeitbeschränkten Eintrittskarten für Festzelte und
ohne die trickreiche Schaumschlägerei beim Füllen der
Gläser. Wäre ein Schoppen auf dem Wurstmarkt so schlecht
gefüllt wie eine Maß auf dem Oktoberfest, wo durchschnittlich nur 0,7 bis 0,8 Liter Bier im Maßkrug sind, die
pfälzischen Eingeborenen würden wohl ein zweites Hambacher Fest veranstalten, mit revolutionären Reden und
gemeinsamem Sturm auf die Weinkeller.

Immer wieder trifft man hier Bayern, die mit seligem
Gesichtsausdruck und glasigen Augen auf der engen Holzbank sitzen, einen bis an den Rand gefüllten Schoppen vor
sich. Und sie schwärmen, wie unkompliziert und volksnah
und authentisch das Feiern doch hier in der Pfalz ist.

Das Herz des Festes bilden die sogenannten *Schubkarch-
stände*. Auf sie geht die lange Tradition des Wurstmarkts
zurück, der 1417 mit einem kleinen Pilgermarkt auf dem
nahe gelegenen Michelsberg begann und sich dann wegen
Platzmangel auf die darunter liegenden Wiesen verlagerte.
Der Wein wurde mit Schubkarren zu den Pilgern gebracht,
was heutzutage im Begriff *Schubkärchler* weiterlebt. Man
versteht darunter 36 zu den Seiten hin offene Zelte mit
Holzbänken und -tischen und einem Ausschank an der
Kopfseite. Betrieben werden diese Pulsadern des größten
Weinfestes der Welt von den Winzern selbst oder Vereinen,
die Weine eines bestimmten Weingutes ausschenken. Hier

ist alles sehr eng, man sitzt Bein an Bein, Rücken an Rücken und Ranzen an Ranzen. Leute mit Berührungsängsten oder Geselligkeitsallergie sollten sich unbedingt fernhalten. Der zwangsläufige Körperkontakt führt ungewollt und doch gezielt zu den lustigsten Begegnungen – oft auch interkultureller Art, wenn ansonsten verfeindete Landsmannschaften aufeinandertreffen und sich verbrüdern, zumindest für wenige Stunden. Oder Touristen sich gegenseitig schulmeistern, wie man die gläsernen Blumenvasen mit den Tupfen am besten in der Hand hält, ohne dabei einen Krampf zu bekommen. Oder Eingeborene stundenlang diskutieren, welches Mineralwasser das Beste ist, um aus einem guten Riesling eine noch bessere Schorle zu machen. Diese Fachgespräche unter Eingeweihten beziehungsweise Einbezogenen sind es, die dieses Fest zu einem Wunder der Kommunikationswissenschaft machen.

Um diese Zentren des kosmopolitischen Gebabbels herum haben sich strategisch klug diverse Stände positioniert, die allerlei Essbares anbieten, auch wenn es für manchen Auswärtigen oder Vollwertköstler nicht immer danach aussieht: Wellfleisch, Dampfnudeln, Würste aller Arten und Formen. So haben die Schoppenstemmer Nachschub und genügend Grundlage für ihren flüssigen Sport.

Und nur ein paar Schritte weiter befindet sich das sogenannte Weindorf, wo an runden Tischen, mit nettem Service, bei Käsespieß, Tapas und original pfälzischem Thai-Curry (ohne *Worscht*) die Stielglas-Liebhaber sitzen, fernab der krakelenden Massen und doch mittendrin. Hier ist alles ein bisschen edler, ruhiger, mit anderen Weinen, also Spätlesen oder exotischeren Rebsorten, die mehr auf Genuss und Verkosten ausgelegt sind als auf schorlebenetztes Feiern im Halbliterrhythmus.

Um diese Welt der Nahrungsmittelaufnahme herum brandet das wilde Leben eines »normalen« Jahrmarktes mit Fahrgeschäften, Riesenrad und Achterbahn und *»Komm'se* *meine Damen und Herren, das Hauptlos ist heute ein drei Meter großer, rosafarbener Pandabär, der fließend chinesisch sprechen kann!«*

Am Rand in Richtung Ausgang schließt sich eine lange Ladenstraße der Kleinunternehmer an mit Geldbörsen und Tütensuppen und sich selbst aufblasenden Stützstrümpfen.

Viele verschiedene Welten, ein optisches Abenteuerland und eine rhetorische Fundgrube nicht nur für recherchierende Kabarettisten. Manche Leute bewegen sich immer nur in einer der drei Welten (Schubkärchler, Weindorf oder Jahrmarkt). Aber alles trifft sich letztendlich in einer weiteren Unterwelt dieses Universums, dem Hades des Wurstmarktes: dem Toilettenhaus, direkt neben der Polizeistation gegenüber der Tankstelle am »Wurstmarktkreisel«. Eine legendäre Location! Wer sich in die Männersektion hineinwagt und mit seinen Geschlechtsgenossen friedlich um einen der engen Plätze an der Pinkelrinne kämpft, wird belohnt mit Bonmots der tiefsinnigsten Sorte. Neben einem stehen dann schwankend zwei Eingeborene, die vom Geist des Weins voll beseelt zwar alle Hände voll zu tun haben, ihren Strahl zielgerichtet zu positionieren, aber doch noch Zeit finden, spontan über ihren Stoffwechsel zu philosophieren:

»Ach Gott, dass der gude Woi so ende muss, hä?«
»Jo, es laaft als schneller unne naus wie owwe nei, gell?«

Das ist der *spiritus palatinus*. Nirgendwo ist er präsenter als hier, wenn Pfälzer Eingeborene ihrem edelsten Ideal frönen: dem Leben an sich und der Fülle dieses gelobten Landes, die kaum trefflicher und schöner symbolisiert werden kann als durch ein bis an den Rand eingeschenktes Schoppenglas. Und all den Snobs, die über Fleischberge auf Tellern und hektoliterweise fließende Alkoholika ihre Nase rümpfen, möchte man zurufen: »Willkommen im Land der beladenen Teller und übersprudelnden Dubbenkelche, willkommen im Fürstentum der unzähligen, unverständlichen Wörter, willkommen im Paradies der Feldfrüchte und Feigen, willkommen im pfälzischen Reich der Fruchtbarkeit! *Hosianna all mi'nanner und Proscht, zum Wohl. Die Pfalz.*«

Vielleicht hilft hier ein ethnologischer Vergleich, die unterschiedlichen Lebenseinstellungen der Menschen besser zu verstehen. Wenn hochdeutsch sprechende Oxford-Deutsche sich zu weinhaltigem Alkoholgenuss verabreden, wird daraus oft eine Art Miniatur:

»Komm, lass' uns ein Weinchen zusammen trinken!«, sagt man dann höflich. Oder: »Lass uns das bei einem Gläschen Wein besprechen!«, was sich schon ein bisschen nach zwei Puritanern anhört, die sich zur Sünde verabredet haben und dann verlegen lächelnd vor einem 0,1-Liter-Gläschen Müller-Thurgau sitzen, in dem zwei Strohhalme stecken. »Ein Weinchen?«

Was sagt der Pfälzer: *»Ich hab Dorscht. Un du?«*

Dorscht, hochdeutsch: Durst, das ist das Zauberwort. Hört oder sagt ein Pfälzer das Wort *Dorscht*, bekommt er automatisch einen trockenen Hals. Ja, sogar wenn er das Wort im Schaufenster des Schnellrestaurants Nordsee entdeckt – »Dorsch« – wird es seine magische Wirkung nicht verfehlen. Denn wer den *Dorscht* nicht stillt, der *ver-dorscht-et*, der *de-hy-dorscht-et*. Also ist für Pfälzer ein Weinfest nicht nur ein Anlass zum Feiern, sondern auch das bevorzugte Forum, um in aller Öffentlichkeit mit seinen Mitmenschen die schönste Emotion ausleben zu können, die es hier gibt: dem Gefühl, *»wenn de Dorscht noochlosst«* (wenn der Durst nachlässt).

Der Dürkheimer Wurstmarkt nimmt schon wegen seiner schieren Größe eine Sonderstellung ein im Universum der Festlichkeiten. Das hält die anderswo lebenden Eingeborenen allerdings nicht davon ab, andere lokale Gründe zu finden, sich festlich zu versammeln.

Das Deutsche Weinlesefest, das ein paar Wochen später am ersten und zweiten Oktoberwochenende im nur 15 Kilometer entfernten Neustadt an der Weinstraße stattfindet, ist – wer hätte das gedacht? – das zweitgrößte Weinfest der Welt und hat fundamentale Bedeutung für das pfälzische Selbstverständnis. Denn hier, im Mittelpunkt der Deutschen Weinstraße, in einer Halle namens Saalbau, wird seit 1949 zuerst die Pfälzische und eine Woche später die Deutsche Weinkönigin gewählt. Eine Tradition, mit der erst seit 2006 gebrochen wurde, indem auch andere deutsche Weinbaustädte im Wechsel mit Neustadt diese Wahl durchführen können.

Draußen werden die *Haiselscher* (Häuschen) aufgebaut, kleine in Fachwerk stilisierte Weinstuben, die natürlich auch Neuen Wein in all seinen Pfälzer Varianten von *Sießer* bis *Federweißer* und *Roter Rauscher* verkaufen. Abschließender Höhepunkt ist der Winzerfestumzug mit rund 150 Wägen. Mehr als 100 000 Zuschauer sind jedes Jahr dabei, wenn ein Weinfest zum Karnevalsumzug umfunktioniert wird, bei dem von einigen der Wägen der Wein in Strömen in die von Passanten gehaltenen Gläser fließt. Und so mancher geht selig und abgefüllt nach Hause – obwohl er für den *Riesling-Aff*, der ihm auf der Schulter hockt, keinen Cent bezahlt hat.

Das Weinfest als Event

Seit ein paar Jahren gibt es in der ohnehin schon sehr mannigfaltigen Festlichkeitsszene der Pfalz einen neuen Trend: das Weinfest als Wanderung. Irgendwo in einem Weinberg stehen mehrere Zelte mit Ausschankstellen in mehr oder weniger großen (Kilometer-)Abständen verteilt. Und die Besucher wandern dann von einer Ausschankstelle zur nächsten, was sicherlich den Vorteil hat, dass der Alkoholpegel durch diese Leibesübungen immer mal wieder sinkt, bevor er dann an der nächsten Theke wieder nach oben getrieben werden kann.

Es gibt Spargelwanderungen, kulinarische Wanderungen, Weinbergswanderungen. Im Januar ist zwar auch hier in der quasi tropischen Pfalz noch kein Hauch von mediterranem Klima zu spüren, und doch steigt in Freinsheim dann die alljährliche Rotweinwanderung, bei der 16 Stationen auf einem Weg von sieben Kilometern abgewandert werden. Wenn man dann bei vielleicht minus 5 Grad inmitten der kahlen, von Rauhreif überzogenen Weinstöcke steht, umgeben von lauter bibbernd fidelen Einheimischen, die sich mit Handschuhen an Stielgläsern festhalten und schnell trinken müssen, damit der Rotwein nicht zu kalt wird, dann könnte man beinahe auf die Idee kommen, dass die Feierwütigkeit der Pfälzer fast schon etwas ausgelassen Zwanghaftes hat.

Anderes Beispiel: In Bad Dürkheim findet Anfang März das Weinbergleuchten statt, bei der die Weinlagen um die Kurstadt bis hinauf in das alte römische Weingut spektakulär beleuchtet werden. Es soll die (Achtung, Superlativ!) größte Open Air-Weinprobe der Pfalz sein. Die Besucher kaufen sich einen »Weinpass« mit Probierglas und können auf einem sechs Kilometer langen Rundweg an 15 Stationen jeweils 0,05 Liter Wein kosten. Das kommt für altgediente Weinfestveteranen allerdings eher einer homöopathischen Tröpfchenkur gleich. Waren es wirklich Pfälzer, die sich diesen Trend ausgedacht haben, sich den Wein erst zu erlaufen bevor sie ihn saufen? Und dann reicht so ein kleines Probiergläschen nicht mal, um den Durst zu stillen! Manche lassen sich ihr Probiergläschen füllen, um sich gleich wieder ans Ende der Warteschlange zu stellen in der Hoffnung, dass die kleine Notration reicht, um nicht gleich wieder dehydriert vorne anzukommen. Das ist für echte Pfälzer Weinfestprofis schon eine Art Extremsport. Aber insgesamt sehr erfolgreich. Zum Weinbergleuchten kommen an zwei Abenden gut 20 000 Besucher.

Wer weiß, wohin diese Eventisierung des Weinschlürfens noch führt. Vielleicht gibt es demnächst ja Wein-Schnitzeljagden oder *Wine-Tasting-Trecking-Trips*. Oder einen Wein-Fitness-Parcour: Wer einen halben Klimmzug schafft, ohne in den Wassergraben zu fallen, bekommt einen Zehntel Schoppen *fer umme* (gratis). Und wer es schafft, eine Kiste Wein aus einem Wildschweingehege zu entwenden, ist erfolgreicher Teilnehmer einer Wine-Wildlife-Safari.

Glücklicherweise haben's die meisten Pfälzer aber dann doch lieber gemütlich. Das Gefühl ist halt nicht zu toppen, wenn man auf einem traditionellen Weinfest von zwölf Uhr mittags bis nachts, wenn der Laden dichtmacht, an einem Platz auf der Holzbank direkt neben dem Ausschank eingekeilt ist. Um einen herum hocken so viele Menschen, dass man nicht in Gefahr gerät umzufallen, selbst wenn der Alkoholpegel und die Schwerkraft es so haben wollten. Und wer immer sich dann als neugieriger Besucher noch dazuhockt, kann etwas lernen. Nämlich, dass die Pfälzer ihre eigene Philosophie haben, wenn es um die festliche Art der Flüssigkeitsaufnahme geht. Böse Kritiker denken, dass Eingeborene, die Wein aus Blumenvasen trinken, keine Weinkenner sein können, was natürlich völliger Quatsch ist. Denn wenn man einen guten Wein hat und dazu so ein schönes, großes Schoppenglas, dann hat man viel guten Wein.

Und wer sich einmal auf einem Pfälzer Weinfest ein paar Stunden im Schoppengewitter unter die Dubbeglasbrüder und -schwestern der Pfalz gemischt hat, dem wird klar, dass das geflügelte Wort stimmen muss: *Warum hat ein Pfälzer nie Durst? Weil er vorher trinkt.*

Gebrauchsanweisung
Wie man sich auf einem Weinfest als Auswärtiger verhält, ohne gleich als solcher aufzufallen

Für auswärtige Besucher kann die Pfäzer Weinfest-Experience ziemlich überwältigend werden – im emotionalen wie physischen Wortsinn. Man sollte sich zu Beginn erst einmal einfühlen in die Gepflogenheiten und die Art der Nahrungsmittelaufnahme. Merke: Jede Art von Alkohol ist anders. Nicht jeder passionierte Biertrinker verträgt automatisch auch Wein in ähnlichen Mengen. Zumal man bei den oben beschriebenen überdimensionierten Trinkgefäßen und extremen Mischungsverhältnissen leicht den Überblick verlieren kann.

Es ist also angezeigt, sich zu Beginn etwas zurückzuhalten. Auf keinen Fall sollte man gleich versuchen, mit dem relativ schnellen Trinkrhythmus der Eingeborenen Schritt und Schluck zu halten. Sonst ist das Fest zu Ende, bevor es richtig angefangen hat, Spaß zu machen.

Falls ein Pfälzer Tischnachbar Ihnen anbieten sollte, aus seinem vollen Schoppenglas einen Schluck zu nehmen, sollten Sie dieses Angebot auf keinen Fall ausschlagen. Gemäß einer alten Sitte wird das Schoppenglas bei ausgelassen Feiernden gern zum Gemeinschaftseigentum und kreist dann von Trinker zu Trinker. So wird es schneller leer, was bedeutet, dass der darin befindliche Riesling keine Chance hat, warm zu werden. *»Jeder darf do mol sei Schnut mit dro hängke«*, heißt es in Mundart. Provokanter formuliert: Erst wenn sich der Wein mit dem Speichel von mindestens vier weiteren Trinkern vermischt hat, ist es ein echter Pfälzer Schoppen.

Es geht die Legende, dass die Pfälzer so das Cuvée erfunden haben: Am Anfang ist im Glas noch Riesling – und später auch noch Weißburgunder und Weißherbst …

Um nicht unangenehm aufzufallen, sollten Sie Folgendes auf keinen Fall tun:

Erstens, einem Einheimischen, der sich neben Sie setzen möchte, auch wenn überall noch frei ist, sagen: »Der Platz neben mir ist leider schon belegt.« Im Rahmen eines Weinfestes verstehen Pfälzer das Konzept der Privatsphäre nicht. Es könnte also durchaus sein, dass sich der Einheimische also trotzdem direkt neben Sie setzt und fragt: *»Was bisch'n du fer äner?«*

Zweitens, am Ausschank fragen: »Haben Sie auch stilles Wasser?« Die mögliche Antwort des Winzers darauf lautet: *»Nää, hemmer net, do müsst isch zu lang schüttle.«*

Drittens, keine exotischen Bestellungen aufgeben wie: »Ich hätte gerne ein Achtel Gewürztraminerschorle süß bitte.« Die mögliche Antwort des Wirtes würde lauten: *»Schluckimpfung gibt's beim Doktor.«*

Falls das Fest schon vorangeschritten und der Pegel dementsprechend hoch ist, kann man bei eventuell angestimmten Liedern gerne mitsingen, auch Schunkeln und möglichst lautes Lachen ist durchaus angebracht. Machen Sie aber auf keinen Fall den Versuch, pfälzische Wörter und Laute nachzuahmen, sofern Sie nicht Ihre neu gewonnenen einheimischen Freunde gleich wieder verlieren wollen. Falls Sie aus vielen Kehlen gleichzeitig den Ruf *»Schoppegewitter!«* hören, nicht die Regenjacke auspacken, sondern Ihr Glas mit den 32 anderen zusammenstoßen lassen, trinken und danach vielleicht ein respektvolles *»Zum Wohl. Die Pfalz«* hinterherschicken. Und schon sind Sie der Freund aller pfälzischen Weinfestbesucher und werden jedes Jahr wiederkommen.

»Der Betze brennt«

Ein Hohe- und Klagelied auf den 1. FC Kaiserslautern

Kein Buch über die Pfalz im Allgemeinen und die Pfälzer Seele im Besonderen kann vollständig sein ohne ein Hohe- und Klagelied auf den 1. FC Kaiserslautern.

Wie noch bei einer Handvoll anderer Clubs in Deutschland geht die gesellschaftliche Bedeutung dieses Vereins weit über das allwöchentliche Treten eines Balles in größtmöglicher Öffentlichkeit hinaus.

Und wie noch bei einer Handvoll anderer Clubs in Deutschland, sogenannten Traditionsvereinen, hat auch den ruhmreichen Pfälzer Club das Schicksal ereilt, mit dem Big Business des modernen Fußballs nicht mehr Schritt halten zu können.

Dabei ist der Verein so wichtig für die Pfalz. Der Betzenberg, auf dem sich das Stadion des 1. FC Kaiserslautern befindet, steht für die Identität einer ganzen Region. Und diese Tatsache wirkt geradezu tragikomisch in einer Zeit, in der im internationalen Fußball Retorten-Vereine aus dem Boden gestampft, Plastikstadien mit Firmennamen auf grüne Wiesen gestellt werden und kickende Ganzkörpertattoos für über 200 Millionen von einem Fußball-Unternehmen an das nächste verkauft werden.

Ach, könnte man sich doch auch für Tradition und Geschichte ein paar gute Spieler kaufen – der FCK wäre wahrscheinlich immer noch unter den Topclubs der Bundesliga. Wie einige andere sogenannte Traditionsvereine auch, wurstelt der FCK heute in den sportlichen Niederungen herum und zehrt deshalb am liebsten von seiner ruhmreichen Vergangenheit. Ja, die Geschichte des 1. FC Kaiserslautern ist wirklich reich an Legenden und historischen Momenten, Jahrhundertspielen und Triumphen, Mythen und Tragödien.

In den Fünfzigerjahren prägten die Pfälzer gar den gesamtdeutschen Fußball, und diese Historie wirkt bis heute. Das Wunder der Weltmeistermannschaft von 1954 ist eng mit dem 1. FC Kaiserslautern verbunden. Es waren die Männer aus der pfälzischen Provinz, die vom Kurpfälzer Bundestrainer Sepp Herberger aus Mannheim das Vertrauen erhielten und das Rückgrat der ersten deutschen Fußballweltmeister stellten: Fritz Walter, Ottmar Walter, Werner Liebrich, Horst Eckel und Werner Kohlmeyer.

Auch noch über 60 Jahre später haben diese Namen in der Pfalz einen geradezu spirituellen Stellenwert, sind Mantra für jeden FCK-Fan. In Kaiserslautern geht man nicht in irgendeine Arena, sondern immer noch ins »Fritz-Walter-Stadion«. Keine Brause, keine Automarke, keine Versicherung, nur der gute alte Fritz ist Namensgeber als größter Pfälzer Fußballheld und einer der besten Spieler aller Zeiten.

In den Fünfzigerjahren wurden die »Roten Teufel« mit ihm zweimal Meister, zweimal Vizemeister, später war der Verein Gründungsmitglied der Bundesliga. Jahrzehnte später wurde man 1991 zum dritten Mal Deutscher Meister, fünf Jahre darauf folgte der erste, vielbeweinte Abstieg, woraufhin man knapp eine Woche später zum zweiten Mal den DFB-Pokal gewann. Ein Jahr später der direkte Wiederaufstieg, und zum ersten und bisher einzigen Mal in der deutschen Fußballgeschichte schaffte es ein Aufsteiger (mit Trainer Otto Rehagel) direkt, Deutscher Meister zu werden.

Leider beginnt mit diesem großen Wunder im Prinzip auch die bis heute andauernde Krise des Vereins. Immer wieder bringen die Finanzen den Club in Schwierigkeiten. 2006 stieg die Mannschaft dann zum zweiten Mal aus der Bundesliga ab. Ausgerechnet in dem Jahr, als Kaiserslautern einer der Austragungsorte der Fußballweltmeisterschft war. Das Stadion war dafür umgebaut und erweitert worden, was allerdings zur Folge hatte, dass die legendäre »Betze-Atmosphäre«, diese kompakt geballte Emotion in einem kleineren Stadion, die so manchem Gegner das Fürchten gelehrt hatte, kaum mehr herzustellen war. Heute denken viele, dass es besser gewesen wäre, 2006 darauf zu verzichten, WM-Stadion zu werden. Dem Verein, der Stadt und den Anhängern wären wohl viele Schwierigkeiten erspart geblieben. Also zehrt man von der Vergangenheit.

»Schon früh gelten die Lautern-Fans als die ruppigsten und lautesten, aber auch als die treuesten der Liga. Immer wieder verwandeln sie das Stadion am Betzenberg in einen Hexenkessel und lehren die Gegner das Fürchten. ›Der Betze brennt‹, heißt es dann, und selbst die renommiertesten Mannschaften wie Bayern München und Real Madrid haben vor diesem Druck von den Zuschauerrängen kapituliert und sind dort untergegangen.«

So wurde der legendäre »Betze-Mythos« in einer SWR-Fernsehreportage (27.6.2017) beschrieben.

Das legendärste Spiel dieser Duelle Marke »Die Provinz kämpft und Bayern verliert« fand am 20. Oktober 1973 statt und wurde viele Jahre später von *Sport Bild* (19.1.2011) in der ihr eigenen eleganten Ausrucksweise zum »geilsten Spiel aller Zeiten« gekürt: »Welch ein Tag! Draußen im Stadion feiern die Fans. In der Kabine sind Lauterns Spieler besoffen vor Glück. Sektflaschen werden geköpft, es herrscht totales Durcheinander. Plötzlich steht der große

Fritz Walter in der Tür und gratuliert jedem Spieler einzeln per Handschlag. Am 20. Oktober 1973 hat der 1. FC Kaiserslautern keinen Titel gewonnen. Nur ein Spiel. Aber sie gehen damit in die Geschichte ein. Gemeint ist das legendäre 7:4 des Tabellensiebten gegen den Meister Bayern mit Müller, Maier, Beckenbauer. Die Schlacht vom Betzenberg (…) Und es ist die Partie, die die Redaktion von SPORT BILD zum geilsten Spiel aller Zeiten gewählt hat, zum besten aller 14 486 Bundesliga-Spiele!«

Der amtierende Meister FC Bayern München führte nach 58 Minuten bereits mit 4:1, und alles schien entschieden. Dann aber versenkten die Lauterer, angetrieben von 30 000 frenetischen Fans innerhalb von 31 Minuten den Ball noch sechsmal im Tor von Sepp Maier. Das Spiel endete 7:4 für die Pfälzer und wird heute immer wieder gerne zitiert, um sich über die Tristesse der Unterklassen hinwegzutrösten.

Noch 1982 hatte Paul Breitner so schön konstatiert, dass man die Punkte doch am besten gleich per Post in die Pfalz schicken solle.

Wobei es auch Zeiten gab, in denen der FCK sogar aus Spielen der Zweiten Liga noch ein Tollhaus zu machen verstand. 2009 hatte man mit über 30 000 Besuchern den höchsten Zuschauerschnitt aller europäischen zweiten Ligen. 2010 gelang dann wieder der Aufstieg in die Bundesliga, dem allerdings schon zwei Jahre später der erneute Abstieg folgte. Der stolze FCK war zu einer Fahrstuhlmannschaft geworden. Aber selbst diese sicherlich nicht als Kompliment gemeinte Bezeichnung würden die Fans heute gerne in Kauf nehmen, würde es doch bedeuten, dass nach einem Ab auch wieder ein Auf kommt.

Die letzten Jahre allerdings waren geprägt durch schlechtes Management und sportliche Misserfolge. Junge Spieler, die aus der eigenen Jugend kamen, mussten aus finanziellen Gründen immer wieder schnell verkauft werden. Der Aufbau einer Mannschaft, mit der sich die Fans identifizieren konnten, war so nicht möglich.

Und sportlich geht der Weg folgerichtig immer weiter nach unten. Nach der Saison 2017/18 musste der ruhmreiche Traditionsverein den bitteren Gang in die Dritte Liga antreten. Sollte das Fritz Walter zugeschriebene Orakel doch recht behalten, dass der FCK, sollte er jemals absteigen, es nie wieder schaffen würde, ganz nach oben zu kommen? Weil er eben kein Weltstadtverein sei und die Mittel begrenzt seien.

Auch wenn die Enttäuschung über die anhaltende sportliche und finanzielle Misere des Clubs groß, die Identifikation mit einer zusammengewürfelten Mannschaft gering ist und die Zuschauerzahlen drastisch zurückgegangen sind – die Liebe zum Mythos FCK mit seiner Funktion als Sammelbecken für alle Pfälzer und ihre Emotionen ist immer noch da. Man kann es eigentlich gar nicht zu hoch hängen: Die drei Buchstaben FCK symbolisieren Pfälzer Identität, sie sind das Kürzel für die Fußballinstitution einer brodelnden Provinz. Der FCK symbolisiert Heimat und Zusammengehörigkeitsgefühl in einer Region, die zwar von außen klein erscheint, aber in ihrer Binnen-Wahrnehmung zerstückelt ist: Vorderpfälzer, Westpfälzer, Südpfälzer, Südwestpfälzer, Saarpfälzer … Es sind viele verschiedene Identitäten mit zum Teil drastischen dialektalen Unterschieden, die Einwohner dieser Region manchmal gar untereinander fremdeln lassen und doch alle »den Pfälzer« ausmachen. Aber die drei Buchstaben FCK bringen alle zusammen.

Der Blick zum Betze ist der ideelle Klebstoff, der die unterschiedlichen Pfälzer Mikrokosmen verbindet, Rhein und Weinstraße, Wald und US-Army-Land, dünn besiedelter Donnersberg und die Fabrikmetropolen Ludwigshafen und Wörth, tiefer Pfälzerwald und Westrich, Kusel und Dahner Felsenland an der französische Grenze … Samstags strömen sie alle zusammen und lassen den Betze brennen, wenn die »Roten Teufel« der großen weiten Welt zeigen, was Pfälzer Herzblut ist.

So war das zumindest bis vor ein paar Jahren. Und beim Schreiben dieser Zeilen kitzelt es den Autor im Tränendrüsenzentrum. Denn heutzutage ist es schwer geworden, FCK-Fan zu sein. Man möchte zwar gerne stolz darauf sein, dass man Anhänger eines Traditionsclubs ist, der nicht in irgendeiner Plastikschüssel-Arena, sondern im »Fritz-Walter-Stadion« spielen kann. Allerdings ist dieser edle und seltene Zustand eher der Not geschuldet. Denn das ehemals vereinseigene Stadion gehört inzwischen der Stadt Kaiserslautern, an die man es 2003 mit einem komplizierten und umstrittenen Finanzmodell verkaufen musste, um nicht Insolvenz anmelden zu müssen. Stattdessen hat man nun für die Miete jährliche Fixkosten in Millionenhöhe, die große Sprünge und Investitionen auf dem »Markt« verhindern.

»Es gab sogar gewisse Kreise, die laut darüber nachdachten, das »Fritz-Walter-Stadion« nach dem Abstieg in die Dritte Liga abzureißen. Wie gut, dass das der Namensgeber dieser Kultstätte nicht mehr mitbekommen muss.

Es ist ein Teufelskreis, in dem sich der Verein der »Roten Teufel« befindet. Also wartet man auf den großen Investor, um irgendwie wieder Anschluss zu finden an das große Fußballgeschäft.

Aber: Welcher Scheich will schon in der Provinz zwischen saarländischer Grenze und Donnersberg Millionen im Wald versenken? Welche Weltfirma hat Lust, in einen Club zu investieren, der am liebsten in der Vergangenheit lebt und von seinem nach wie vor großen Namen zehrt? Oder gibt es irgendwo noch einen Milliardär mit Weiß-sonst-nicht-wohin-mit-meinem-Geld-Ambitionen? Vielleicht ein neuer Energydrink, der dem alten Verein Flügel verleiht und Knete auf den Betzenberg pumpt?

Das würde dem Club vielleicht weiterhelfen, dem Mythos

FCK aber wäre damit wohl das Genick gebrochen, diesem Asterix-Traum, dass auch die Kleinen eine Chance haben. Diesem Traum, der in der langen Geschichte des FCK immer wieder wahr wurde: Pfälzer können fast alles schaffen, wenn sie nur zusammenhalten und kämpfen.

Das klingt heute ein bisschen kitschig und nach Großvaters alten Geschichten, ist aber immer noch übertragbar vom Fußballplatz auf die Eigenwahrnehmung und die Weltsicht lokalpatriotischer Pfälzer: Der Kampf der Underdogs aus der Provinz gegen die großen Metropolen, die Millionarios dieser Welt, auf Pfälzisch die *Iuwerzwerche*. In dieser Rolle fühlen sich die Pfälzer sicherlich nicht immer gleich wohl, aber sie gehört ganz einfach zur kulturellen Matrix dieses gebeutelten und gesegneten, überheblichen und unterschätzten, unbändigen und unverstandenen Völkchens.

Amis und Pfälzer, *hiwwe wie driwwe*

Von Auswanderern, Ramstein-Fliegern und Präsident »Drump«

Gerne wird die Pfalz mit mehr oder weniger passenden Vergleichen in die große, weite Welt eingeordnet. Wir hatten's ja schon von »Die Toskana ist die Pfalz Italiens« usw.

Ein weiteres, vollmundiges Prädikat aber, das bisweilen gerne medial verbreitet wird, hätten sich die meisten Bewohner dieser Region sicher gern erspart, nämlich dass Rheinland-Pfalz der »Flugzeugträger der Amerikaner in Deutschland« sei. Und wer hätte geahnt, dass diese verharmlosende Bezeichnung auch über 60 Jahre nach Kriegsende immer noch Bestand hat.

Wo an anderen Orten in Deutschland die Stützpunkte aufgegeben werden und Militäreinrichtungen schließen, wird in der Westpfalz vergrößert und ausgebaut. Fährt man auf der A6 in Richtung Frankreich, passiert man kilometerlange Stacheldrahtzäune auf beiden Seiten. Dahinter liegen die Kasernen und Depots der US-Armee, die seit 1945 hier ist und es offensichtlich so schön findet, dass sie nie mehr wegwill. Seit die Landebahn des Militärflugplatzes Ramstein auf Kosten von vielen Hektar wertvollen Pfälzerwaldes verlängert wurde, hat man auch von der Autobahn aus einen direkten Blick darauf. Und das Ganze wirkt wirklich wie ein riesiger Flugzeugträger, der mitten im Pfälzerwald gestrandet ist, mitten im Herz der Pfalz, um die Welt von hier aus in Gut und Böse aufzuteilen. Allein in und um Kaiserslautern gibt es sechs großflächige Militäreinrichtungen. So wurde aus KL, das einstmals Königshof und Barbarossaburg war, das amerikanische »K-Town«. In einer kleinen pfälzischen Großstadt mit gerade mal 100 000 Einwohnern lebt die größte US-Militärgemeinde außerhalb der USA, die *Kaiserslautern Military Community* (KMC) mit rund 50 000 Soldaten, Zivilbeschäftigten und Angehörigen. Und gleich noch ein Superlativ hinterher: Das rund zehn Kilometer entfernte Ramstein-Miesenbach (8000 Einwohner!) beherbergt die größte Luftwaffenbasis der US-Luftwaffe außerhalb der USA.

Natürlich ist das ein Wirtschaftsfaktor. Und so sind die offiziellen Stellen denn auch stets bemüht, die Vorteile dieses Militärkonzerns auf pfälzischem Boden zu preisen: Arbeitsplätze, Mieten, Einnahmen … man kennt die Argumente, die herhalten müssen, um Menschen zu erklären, warum Teile ihrer Heimat durch eine ausländische Militärmaschinerie abgeriegelt und nicht nur umwelttechnisch verseucht sind. Es gibt Innenminister, die außer der abgedroschenen »Arbeitsplatz-Karte« noch andere Argumente als positiven Effekt anführen: Das ganze Militär sei Werbung für den Standort Rheinland-Pfalz. Denn wenn mehr als eine Million US-Amerikaner, die hier stationiert waren, den Ruf dieses wunderbaren Landes hinaustragen in die Welt, sei das doch mehr wert als Imagekampagnen und Touristik-Werbung. Ob manche dieser Ex-Soldaten daheim auch erzählen, dass sie fast nie einen deutschen Laden von innen gesehen, geschweige denn dort Geld gelassen haben, weil sie so gut wie immer in ihren eigenen Shops eingekauft haben? 2009 eröffnete mit dem *Kaiserslautern Military Community Center* (KMCC) eine eigene Shopping

Mall, in der nur Militärangehörige einkaufen dürfen und natürlich mit US-Dollar zahlen.

Was bei politischen Hochglanzbroschüren-Statements gerne auch noch verschwiegen wird, sind die Gelder, die der deutsche Steuerzahler mehr oder weniger unfreiwillig dazu beisteuern muss, dass der US-Soldat sich wohlfühlt bei uns. Jüngstes Beispiel ist das neue Krankenhaus, das die US-Armee im westpfälzischen Weilerbach baut (obwohl in Landstuhl nur ein paar Kilometer entfernt, aber eben ohne direkte Anbindung an den Flugplatz, bereits ein großes amerikanisches Militärkrankenhaus existiert). 130 Millionen Euro steuert der Bundeshaushalt für das größte US-Hospital außerhalb der USA bei. Insgesamt soll der Bau über 750 Millionen Euro kosten für ein Haus mit gerade mal 68 Betten. Dazu kommen 50 Hektar gerodeter Pfälzerwald in einem Wasserschutzgebiet. Das Ganze lief weitestgehend ohne Bürgerbeteiligung, und ein paar wenige aufrechte Naturschützer vor Ort mussten sich eine Umweltverträglichkeitsprüfung vor Gericht erst erkämpfen. Man fragt sich wirklich, warum Politiker es einem immer wieder so leicht machen, existierende Phänomene wie Politikverdrossenheit neu zu beleben.

Nachdem all diese Fakten und Zahlen auf den Leser eingeprasselt sind, dürfen wir's jetzt wohl noch mal etwas plakativer formulieren: Aus der Sicht des pfälzischen Lokalpatrioten mit einem Hang zu biblischem Pathos ist das US-Militär der Pfahl im Pfälzer Wellfleisch, man könnte auch sagen: das *Schälmesser in der Grumbeersupp*.

Zu viel ist schon passiert, als dass man alles so schönreden kann, wie es Politiker eben nun mal tun müssen. Fluglärm, Militärübungen, Umweltschäden mit verseuchtem Grundwasser und eine Grundhaltung der Amerikaner, die immer noch der von Besatzern ähnlich ist. Auf dem mit Stacheldraht und Betonbarrikaden umgebenen Pfälzer Boden machen die sogenannten »Gaststreitkräfte« was sie wollen.

Das schließt auch kriegführende Aktionen mit ein: Ein Großteil der Truppenbewegungen während des völkerrechtswidrigen Krieges im Irak 2003 wurde über Ramstein abgewickelt, obwohl Deutschland offiziell kein Mitglied der sogenannten »Koalition der Willigen« war. Auch bei der neuen Art der Kriegführung per Drohne, bei der man keine Helden vor Ort, sondern nur noch fingerfertige Joystickkrieger braucht, spielt Ramstein als Relaisstation zwischen den USA und dem Mittleren Osten die entscheidende Rolle.

All das, Kasernen, Flugzeuge, Drohnen und Bomben, Stacheldraht und besetzter Waldboden, mag so gar nicht zu den schönen Pfälzer Klischees passen, die wir bisher nicht müde wurden mit grellen Farben und hehren Worten zu malen. Der dichte Wald mit dem Wanderwegenetz, das nur ein Ziel kennt: die Einkehrstation mit *Schoppe un Worschd*. Und mittendrin der riesige Militärapparat des selbst ernannten Weltpolizisten.

Und doch ist das US-Militär auch ein Teil der Erlebniswelt Pfalz.

Wieder einmal stehen wir kopfschüttelnd vor dem Pfälzer Cuvée der Gegensätze, dem Yin und Yang, dem *Kumm, geh fort!* So einfach es auf den ersten Blick scheint, diese Region einzuordnen, so schwer ist es, wenn man sich auf die unberechenbare Gravitation des pfälzischen Kosmos eingelassen hat. Dann weiß man auf einmal: Hier ist nichts einfach so, wie es auf den ersten Blick aussieht. Oder wie der pfälzische Riesling-Philosoph sagen würde: »*Es kummt, wie's kummt. Un wann's net kummt, dann kummt's halt annerschter.*«

Am überraschendsten dabei ist wohl die Art, wie die Einheimischen auf diese so unpfälzisch anmutende, seit über 60 Jahren andauernde US-Soldaten-Erfahrung reagieren. Wenn man genau hinhört, dann stellt sich zwar schnell heraus, dass der Großteil der Pfälzer genervt ist. Zu sehr sind alle, Vorder-, Süd- und Westpfälzer, betroffen von der Anwesenheit eines riesigen Militärkomplexes, der sich für die meisten hauptsächlich als Lärm- und Umweltbelastung manifestiert und dabei auch noch über ihre Köpfe hinwegfliegt – je nach weltweiter Krisenlage brummen am Pfälzer Himmel täglich Kolonnen von Großraumtransportern, die sich weder an Wochenenden, Feiertage oder Nachtflugverbote halten müssen.

Und trotzdem existiert kaum ein nennenswerter Protest. Selbst in neueren Zeiten mit NSA-Skandal, Überwachung, Drohnenkrieg und Trump wird das Ganze zwar zähneknirschend, aber schulterzuckend hingenommen. Man darf annehmen, selbst wenn die US-Nuklearwaffen nicht in Büchel, in der Nähe des Moseltals, sondern direkt im Pfälzerwald stationiert wären – es würde wohl kaum einen auf die Barrikaden treiben.

Sind die Pfälzer also vielleicht doch nicht solche *Hartrichel* (harte Brocken), schnell aufbrausend und ausgestattet mit einem spielerischem Hang zur Cholerik? Was ist aus dem heißen Blut ihrer rebellischen Vorfahren geworden, die als Vorkämpfer für Freiheit und Demokratie nach dem Hambacher Fest 1832 statt zu kuschen lieber Exil und Verfolgung in Kauf nahmen?

Viel hat wahrscheinlich mit der deutschen Nachkriegsordnung zu tun, bei der die Präsenz des US-Militärs stets dargestellt wurde wie ein unabänderliches Naturgesetz, das am besten nicht mal hinterfragt werden sollte. Und heute, wo die amerikanischen Streitkräfte aus vielen Regionen verschwunden sind, bündeln sie ausgerechnet in der Pfalz ihre Kräfte. Und wenn sich hie und da ein bisschen Widerstand regt, dann wird der ganz schnell mit dem Argument »NATO-Verpflichtungen« ruhiggestellt.

Wenn man in die Geschichte zurückblickt, dann war die Anwesenheit von fremden Militärs auf Pfälzer Boden sowieso eher der Normalzustand. Franzosen, Bayern, Amis …

Was blieb einem da übrig, als im Schatten der gewalttätigen Dominanz von *Außergewärtigen* und ihren Militärmaschinen intensiv der Lebenslust zu frönen? Dieses zwiespältige Gefühl aus Realismus und Fatalismus hat sich wohl durch die Jahrhunderte hindurch so in die Pfälzer Seele gebrannt, dass daraus ein Normalzustand geworden ist.

Auswanderung

Vielleicht liegt es aber auch an etwas ganz anderem, dass die Pfälzer so gelassen und ihre Politiker bisweilen gar devot mit den Amerikanern umgehen. Die besonderen pfälzisch-amerikanischen Beziehungen reichen nämlich länger als 300 Jahre zurück.

Im 17. Jahrhundert wurden die Hugenotten aus Frankreich vertrieben und fanden zunächst in der Pfalz Zuflucht. Als sie sich später dann in Amerika niederließen, nannten sie ihre Siedlung dort »New Paltz« – eine ehrenvolle Referenz an das Land, das ihnen als erstes Hilfe geboten hatte. Und fortan gab es kein Halten mehr beim pfälzischen Drang über den großen Teich.

1709 wanderte zum ersten Mal eine große Zahl Pfälzer nach Amerika aus. Ein extremer Winter, Missernten, die Auswirkungen des Pfälzischen Erbfolgekriegs mit systematischen Verwüstungen und massiver Präsenz französischer Truppen hatten ihre Heimat unbewohnbar gemacht. In Amerika nannte man in der Folgezeit alle Immigranten »Palatines«, Pfälzer, auch wenn sie aus anderen Ländern kamen.

1727 bis 1754 folgte eine weitere Auswanderungswelle, dabei wurden zahlreiche Siedlungen in Pennsylvania gegründet. Im sogenannten Hungerjahr 1817 emigrierten mehr als 20 000 Menschen aus dem süddeutschen Raum in die USA.

Mitte des 19. Jahrhunderts folgen weitere große Gruppen, und selbst nach der deutschen Reichsgründung 1871 verlassen rund 1,8 Millionen Deutsche noch ihre Heimat.

Das hinterließ natürlich Spuren auf dem neuen Kontinent. Pfälzer sind schon damals nicht gerade Leisetreter gewesen – auch und gerade nicht, wenn sie fremdes Terrain betreten haben. Wie heißt es so schön: *Pälzer Blut is ke Buddermilsch.* Das kann sich über viele Generationen hinweg fortsetzen. Beispiel: Bei der ersten Auswanderungswelle war eine gewisse Familie Pressler aus dem südpfälzischen Hochstadt dabei, deren Stammbaum später einen gewissen Elvis Presley hervorbrachte (der übrigens von 1958 bis 1960 auch noch als Soldat in Bayern stationiert war).

Das war nicht der einzige berühmte Spross eines pfälzischen Einwandererstammbaums.

Zu Beginn des 19. Jahrhunderts machte ein gewisser Johann Adam Hartmann, der aus dem pfälzischen Edenkoben emigriert war, wegen seiner besonderen Fähigkeiten als Waldläufer und Jäger im Indianergebiet der Mohawk von sich reden. Er diente dem Schriftsteller James F. Cooper als Vorbild für seinen berühmten Roman *Lederstrumpf.* Und alles hatte wohl begonnen im Pfälzerwald – damals noch ohne markierte Wanderwege und Einkehrhütten des Pfälzerwaldvereins.

Ein anderer Pfälzer, geboren 1835 in Speyer, wurde als amerikanischer Eisenbahnkönig bekannt: Heinrich Hilgard-Villard ging als Erbauer der Nordpazifikbahn in die Geschichte der USA ein.

Bis heute treiben die pfälzischen Wurzeln in Amerika muntere Blüten. In einer Reihe von Staaten wird auch im 21. Jahrhundert von immerhin noch 500 000 Amerikanern »Pennsylvania Dutch« (Pennsylvaniadeutsch) gesprochen. Linguistisch formuliert, ist das eine Varietät der deutschen Sprache, die aus pfälzischen Dialekten gebildet ist. Man könnte auch sagen: rund eine halbe Million US-Amerikaner sprechen außer ihrer Muttersprache »American English« noch ihre Urururgroßmuttersprache, nämlich pfälzische Mundart, die in dieser Form aus dem 18. und 19. Jahrhundert stammt. Über dieses spannende Thema wurde 2018 ein sehens- und vor allem hörenswerter Dokumentarfilm veröffentlicht mit dem schönen Titel *»Hiwwe wie Driwwe«* (Hüben wie Drüben), in dem die jungen Pfälzer Filmemacher Christian Schega und Benjamin Wagener den amerikanischen Lehrer und Blogger Douglas Madenford mit der Kamera in den USA und beim Besuch seiner Wurzeln in der Pfalz begleiten. *»Hiwwe wie Driwwe«* ist übrigens auch der Titel der einzigen komplett im pennsylvaniadeutschen Dialekt verfassten Zeitung, die in den USA erscheint.

Heutzutage ist es so gut wie unvorstellbar, dass pfälzische Menschen in Scharen freiwillig ihr gelobtes Land verlassen. Nur die Rheinseite, also ins Badische, zu wechseln ist für viele Lokalpatrioten schon eine Herausforderung.

Und Amerika?!

Wie wir gesehen haben, haben die USA mehr Pfälzer Wurzeln, als alle bekannten Hollywoodklischees von abenteuerlustigen Iren und mafiösen Italoamerikanern es jemals hätten vermuten lassen. Es waren die Pfälzer und andere Deutsche, die die größte Einwanderergruppe stellten. Gerne wird damit angegeben, was die Nachfahren pfälzischer Einwanderer für tolle Großtaten vollbrachten.

Das aktuellste, bekannteste und auch folgenschwerste Kapitel dieser Geschichte würde man allerdings am liebsten verschweigen: Donald Trump, sein Stammbaum und das pfälzische Kallstadt – das ist die bis dato wohl unangenehmste Verbindung von Pfalz und USA.

Als die Kallstadter Filmemacherin Simone Wendel mit dem Projekt begann, die ungewöhnliche Connection zwischen Pfälzer Weinidylle und amerikanischer Großmannssucht aufs Korn zu nehmen, war das erst mal nur ein weiteres Kapitel aus der Geschichte »Pfälzer Provinz auf der Suche nach der großen, weiten Welt«.

Erst gab es da noch die schöne Episode mit dem Ketchup-König Heinz, dessen Vater in Kallstadt geboren wurde. Damit konnte man selbst nicht so geschichtsaffine Menschen beeindrucken. Heinz entwickelte sogar eine eigene Beziehung zur Heimat seines Vaters und war in späten Jahren seines Lebens mehrfach in Kallstadt zu Besuch. 1914 wurde er bei einem seiner Aufenthalte in der alten Heimat vom Ausbruch des Ersten Weltkriegs überrascht und durfte zunächst das Hotel nicht verlassen. Dann gelang ihm die Flucht, und er konnte über Holland in die USA zurückkehren, wo er fünf Jahre später starb. Es ist eine dieser unglaublichen Erfolgsgeschichten, die man sich gerne von Auswanderern erzählt und die den amerikanischen Mythos »Vom-Tellerwäscher-zum-Millionär« immer wieder befeuern. Die Ketchup-Story wirkt wie eine exotische Fußnote nicht nur für die Historie der pfälzischen Auswanderer, sondern auch für die einheimische Küche. Denn der Pfälzer Traditions-Gourmet hat mit Ketchup wenig am Hut. Für Saumagen und andere Pfälzer Wursterzeugnisse ist eben Senf und nicht Tomatensoße das Dip-Mittel der Wahl. Was wäre wohl gewesen, wenn Henry John Heinz in Senfkörner, statt in Tomaten kreativ investiert hätte? Wer weiß, wahrscheinlich würde heute in Kallstadt ein riesiges Denkmal für den Mann stehen – am besten direkt gegenüber dem selbsternannten »Saumagenparadies« der Metzgerei Appel.

Und Trump? Donald? Oder wie die Pfälzer ihn lieber radikal mundartistisch und gleichzeitig vielsagend aussprechen: *de Drump*. Dessen Verbindung zur Pfalz entwickelte sich von einer skurrilen Geschichte zu einem Medienboomerang, der die armen Kallstadter voll erwischte.

Um es vorwegzuschicken, die wirkliche Schuld an dem ganzen Tohuwabohu tragen nicht die Pfälzer, sondern die Bayern beziehungsweise die Bürokraten, die seinerzeit im

Königreich Bayern darüber entschieden, wer ein Bleiberecht bekam und wer nicht. Als Trumps Großvater Frederick nach achtjährigem Aufenthalt in den USA zurück in die Pfalz kam, wollte er für immer bleiben. Dazu musste er allerdings seine pfälzisch-bayerische Staatsbürgerschaft neu beantragen. Dies jedoch verweigerten ihm die königlich-bayerischen Behörden, weil er seinerzeit illegal ohne Erlaubnis das Land verlassen und sich damit dem Militärdienst entzogen hatte. Also ging's gezwungenermaßen wieder zurück in die USA, wo die menschliche Schöpfungsgeschichte ihren weiteren Lauf nahm und letztendlich den uns allen so bekannten, aufdringlichen Enkel hervorbrachte. Was wäre wohl geschehen, wenn der Großvater friedlich in der Pfalz hätte bleiben können? Was wäre Amerika, was wäre der Welt alles erspart geblieben? *De Drump* wäre heute nicht US-Präsident mit der Befehlsgewalt über Atomwaffen, sondern vielleicht Chef der pfälzischen Friseurinnung oder Vorsitzender einer AfD-Ortsgruppe oder Inhaber eines Handyladens mit Fortbildungskurs »Twittern für Senioren«. Über solche Gedankenspielchen können die Bewohner des schönen Ortes an der Weinstraße nur säuerlich lächeln. Sie haben heute auszubaden, dass Trump einen Großvater hatte, der eigentlich Pfälzer war, es aber wegen ein paar Bayern nicht mehr sein durfte.

Doch zurück zum Film, der alles ins Rollen brachte: 2012, kurz nach ihrem Drehtrip in den USA, verkündete die Filmemacherin noch in geradezu familiärem Ton, dass »Donald« sich immerhin mehr als 45 Minuten Zeit genommen habe. Und, ganz stolz: »Wir haben Fotos aus der Pfalz mitgebracht, von Weinfesten und Weinbergen und dem Haus seines Opas, die wollte er behalten.«

Bis dahin wäre alles eine schöne weitere Episode in der langen Ahnenreihe »Pfälzer Promipeinlichkeiten« gewesen. Als sich dann aber mehr und mehr herauskristallisierte, dass das Undenkbare möglich und der Mann Präsident werden könnte, wurden auf einmal die überregionalen Medien auf die Kallstadt-Connection aufmerksam. Alle großen Zeitungen und Magazine von *FAZ* bis *Spiegel* und *Bild* brachten ihre Stories, meist mit einem Querverweis auf den Film *»Kings of Kallstadt«*, der dadurch auf einmal überregionale Beachtung bekam. Als der Präsidentschaftswahlkampf in den USA auf die Zielgerade einbog, schien es fast so, als verlaufe durch das kleine Kallstadt so etwas wie der heiße Draht direkt ins Weiße Haus. Zeitweise hatte die Präsenz von Übertragungswägen und Journalistenteams etwas von einem Belagerungszustand. Und nicht wenige Ortsansässige zeigten offen, dass sie keine Lust hatten auf »große, weite Welt« und berühmte Enkel. Ganz besonders hart traf es die Bewohner des Hauses, in dem Trumps Großvater gelebt hatte. Sie hatten zwar keinerlei familiäre Verbindung, wurden aber trotzdem täglich von Reportern angegangen. Irgendwann hing dann ein Schild am Hoftor: »Anwesen zu verkaufen!!! … Damit wir wieder ohne Presse- und Medienrummel in unserem Haus leben können!!!«

Ein kleiner, idyllischer Pfälzer Ort an der Weinstraße wurde ins Rampenlicht der Weltöffentlichkeit gezerrt, es gab Interviews mit dem Bürgermeister, der Bäckereifachverkäuferin, dem Metzger, dem für Touristik zuständigen Beigeordneten. Jedem Passanten, der sich irgendwie traute in diesen gefährlichen Zeiten durch die Gassen seines Wohnortes zu laufen, wurde ein Mikro vor den Mund gehalten. Die meisten verhielten sich dabei ziemlich diplomatisch (*»Mir is doch des egal!«*), manche auch abweisend und wortkarg, also gänzlich unpfälzisch (*»Isch saach nix!«*). Am schönsten brachte es der Touristikverantwortliche auf den Punkt (*Rheinpfalz*, 7.4.2016): »Nicht jede Publicity ist gute Publicity.« Er hätte es auch pfälzisch sagen können: *»Des mit dem Drump do! Do könnt ma naus, wo ke Loch is.«*

Inzwischen haben sich die Wogen einigermaßen geglättet, und Kallstadt ist wieder zu seiner unaufgeregt naturcoolen Pfälzer Normalität zurückgekehrt, was bedeutet, dass man jetzt statt über obskure Nachfahren lieber über das Umfahren des verkehrsgeplagten Ortes diskutiert, also über die Trassenführung der geplanten Umgehungsstraße, oder sich über die früheste Weinlese seit Menschengedenken wundert. Und mit jeder peinlichen Nachricht, die über den Atlantik twittert, hofft man an der Weinstraße, dass der Donald, der sich dereinst noch seines deutschen Stammbaums schämte und Schweden als Herkunftsort seiner Vorfahren angab, nicht plötzlich auf die Idee kommt, dass seine *German heritage* doch irgendwie cool sein könnte nach dem Motto: »*Was kümmert mich mein Dummgebabbel von gestern?*« Im Interview aus dem Film »*Kings of Kallstadt*« sagt er nämlich noch ein braves Sprüchlein auf, das US-Amerikaner in ähnlicher Form so gern von sich geben, wenn sie höflich sein wollen: »*I love Kallstadt.*« An der Weinstraße zuckten sie dabei erschrocken zusammen und hoffen seither, dass diese *fake news* nicht eines Tages doch noch wahr werden.

Was wäre das für eine Vorstellung: Eines Tages beschließt der Mann, persönlich Recherchen in Sachen Flucht- und Rückkehrursachen seines Großvaters zu betreiben, und kündigt seinen Besuch in der alten Heimat an. Was würden die Kallstadter dann tun? Es soll schon andere größere und kaum bedeutendere Ortschaften gegeben haben, wie das in der südenglischen Provinz liegende London beispielsweise, wo die Bewohner den Mut hatten, öffentlich bekannt zu geben, dass Donald Trump »not welcome« sei. (*Express*, 30.11.2017) Und was London kann, das würde Kallstadt schon lange schaffen. Oder?

Vorläufig letzter Akt in der tragikomischen Pfälzer Homestory war der Antrag des rheinland-pfälzischen Landeschefs der Republikaner, dem US-Präsidenten die Kallstadter Ehrenbürgerwürde zu verleihen. Der Gemeinderat lehnte dies schnell, einmütig und diplomatisch mit der Begründung ab, ein solcher Antrag sei nur zulässig, wenn eine Fraktion im Gemeinderat diesen unterstütze. Das war nicht der Fall, also sei die ganze Sache, so der Ortsbürgermeister, »Unfug«.

So wird auf elegante, aber doch auch direkte, pfälzische Art eine Farce vorerst beendet, die anderswo vielleicht größere Blüten getrieben hätte.

Weil wir uns jetzt doch ziemlich in peinlichen Untiefen verfangen haben, wollen wir dieses Kapitel wenigstens mit einem Happy End beschließen. Den Präsidenten Trump gibt es nicht mehr, aber Kallstadt ist weltweit bekannt geworden. Und der Ort hat sich während dieser verrückten Zeit nicht verkauft, hat weder seine Ehre noch seine weltoffene Haltung und erst recht nicht seinen Humor verloren. Er ist pfälzisch geblieben, im besten Sinn: weltoffen und bodenständig, geradeaus und gelassen.

Was von dem ganzen Trump-Getöse übrig bleibt, ist eine paradoxe Geschichte: Der Enkel eines damals sechzehnjährigen illegalen, pfälzischen Auswanderers, den man heute als UMF, als »unbegleiteten minderjährigen Flüchtling« bezeichnen würde, wird Präsident der USA, unter anderem, weil er versprach, eine Mauer gegen Immigranten errichten zu wollen. Einer, der seine deutsche Abstammung zunächst gerne verschwiegen hätte, sagt in die Kamera eines pfälzischen Heimatfilms »I love Kallstadt«, wahrscheinlich ohne zu wissen, wo das überhaupt liegt, was aber auch egal ist, denn die Liebe bleibt – wie wir gesehen haben – ziemlich unerwidert.

Und wenn wir schon dabei sind, beenden wir diese kosmopolitischen Pfälzer Geschichten mit einem weiteren passenden Paradoxon. Da, wo ein Hochdeutscher sagen würde: »Das ist aber lustig, bitte erzähl weiter!«, sagt der Pfälzer lachend: *»Heer uff, isch konn nimmi!«*

Und genau das machen wir jetzt mit diesem Kapitel. *Uffheere.*

Grenzerfahrungen

Einmal über die Brück' und zurück

Mit all ihrer verworrenen Geschichte, den immer wieder veränderten Grenzen, Demarkationslinien und begradigten Flussläufen ist die Pfalz geografisch für manche gar nicht so leicht zu fassen. Und die Sprachgrenzen der pfälzischen Mundart sind sowieso noch einmal eine eigene Sache. Für manchen Standardsprech-Hannoveraner ist es ohnehin egal, welche minimalen Lautverschiebungen es innerhalb des südwestdeutschen Kauderwelsches geben soll. Für ihn sprechen die Leute in Mainz, Koblenz, Trier, Landau, Mannheim oder sogar Pforzheim sowieso nur eine Sprache: »Schwäbisch«. Dementsprechend wird auch Rheinland-Pfalz von außen gern als ein homogenes Gebiet gesehen, in dem die Leutchen gerne Würste essen, Wein trinken und der Rhein in die Mosel fließt. Oder war's umgekehrt?

Rheinland-Pfalz hat natürlich mit »Schwäbisch« gar nichts zu tun. Und manchmal nicht mal mit sich selbst etwas. Zumindest war das 1947 so, als da zusammengefügt und anfangs-gezwungen wurde, was auch ein amtlicher Bindestrich nur sehr schwer zusammenhalten konnte: das Rheinland und die Pfalz, der Westerwald und Rheinhessen, der Hunsrück und die Eifel ... Inzwischen ist dieses

Kunstgebilde der Nachkriegspolitik zwar irgendwie auf eine alle verbindende, weinselige Art freundlich zusammengewachsen. So ähnlich geschah es ja auch in Baden-Württemberg, wobei es dort vielleicht noch etwas schwieriger war, weil Schwaben und Badener eine jahrhundertealte, immer wieder äußerst sorgfältig gepflegte Stammesfeindschaft am Leben gehalten hatten, die auch heute noch hie und da muntere Blüten treibt.

Und auf der anderen Rheinseite: Neben den Namensgebern Rheinland und Pfalz beinhaltet dieses Bundesland noch andere Regionen, die einfach unter die beiden Namen und per Bindestrich zusammengefasst werden. Trotz einiger geschichtlicher Gemeinheiten und -samkeiten, jede einzelne dieser Regionen hat ihre eigene Mundart und damit auch ihre eigene regionale Identität. Also sagen wir's hier noch mal ganz deutlich: Mainz, Koblenz und Trier sind bekannte und interessante Städte, sie beherbergen Regierungsgebäude, große Festungsanlagen, berühmte Flussufer, Weltkulturerbe und wichtige Denkmäler. Aber eins sind sie nicht: pfälzisch. So wie Nürnberg nicht bayerisch ist, obwohl es als Hauptstadt des Frankenlandes in Bayern liegt.

Alles klar?

Dann wird's jetzt noch ein bisschen komplizierter. Denn einerseits lassen wir also ganze Teile des Bundeslandes Rheinland-Pfalz absichtsvoll unbeschrieben. Gleichzeitig aber nehmen wir sehr wohl eine Region in diese Gebrauchsanweisung auf, die zu einem anderen Bundesland, nämlich Baden-Württemberg, gehört: die Kurpfalz mit Mannheim und Heidelberg, einem Teil des Odenwalds und des Neckartals.

Das hat historisch-linguistische Gründe. Der Begriff Kurpfalz wird zwar auch heute immer noch gebraucht, ist aber eigentlich ein historischer Begriff. Ja, da war mal was: ein großes, ziemlich mächtiges Gebilde mit dem nach Versailles zweitgrößten Barockschloss in Mannheim, mit politischem Einfluss, Hochkultur von Mozart bis Schiller und einem Land, das sich mitunter als Flickenteppich vom Odenwald im Osten bis weit nach Westen in den Pfälzerwald und in seiner Hochzeit bis hoch nach Düsseldorf erstreckte. Dann aber kam dieser kleine französische Kriegstreiber mit dem großen Hut und wirbelte – wie in ganz Europa – alles durcheinander. Und aus war's mit der großkurpfälzischen Herrlichkeit. 1802 hörte die historische Kurpfalz auf zu existieren. Und beim Wiener Kongress 1815 wurden die rechtsrheinischen Gebiete der Kurpfalz dann endgültig dem Großherzogtum Baden zugeschlagen und die linksrheinische Pfalz wurde als »Rheinbayern« dem Königreich Bayern einverleibt.

Allerdings war bis dato zu viel geschehen und geprägt worden an gemeinsamer Geschichte und vor allem pfälzischem Gebabbel, als dass sich die kollektive Identität links und rechts des Rheins so schnell auseinanderdividieren und umprogrammieren ließ. Linguistisch gesehen, reicht der pfälzische Dialektraum auch heute noch bis hinüber in rechtsrheinische Gebiete, von Mannheim bis in den Odenwald und das Neckartal. Und dazu kommen sogar noch Teile Südhessens, das sogenannte Ried, mit Viernheim, Lampertheim und Bürstadt.

Seit den Fünfzigerjahren gab es politische Bestrebungen, die Region wieder enger zusammenrücken zu lassen. Das Ganze mündete 2005 in der Ernennung zur »Europäischen Metropolregion Rhein-Neckar«, deren Gebiet weitgehend identisch ist mit der historischen Kurpfalz. Ein schöner Versuch, künstlich gezogene Grenzen zwar neu zu interpretieren. Und dann noch mit diesem tollen Namen: Metropolregion! Das klingt ganz und gar nicht nach Provinz. Sondern nach großer, weiter Welt.

An den Autobahnen sieht man immer wieder schöne Schilder, die darauf hinweisen, dass dieses Gebilde existiert. Wobei das nicht immer auf die Herzen der Einwohner zutrifft. Wir geben zu, dass es für viele linksrheinische Pfälzer, die den Stolz auf ihre urige Herkunft durchaus gerne und unbescheiden zur Schau stellen, kaum von Bedeutung ist, dass sie zu einer Metropolregion gehören. Zumal sich das richtige Zusammengehörigkeitsgefühl, wenn überhaupt, dann nur sprachlich und geschichtlich fassen lässt.

Schon bei der bröckelnden Infrastruktur fängt die Trennung wieder an. Die Brücken marode, die Straßen kaputt, da wird es schwer, grenzüberschreitende Gemeinsamkeiten zu entwickeln. Am liebsten würde man nämlich auf seiner Seite des Flusses bleiben und sich den täglichen Stau ersparen – wenn man nicht ab und zu arbeiten (pfälzisch: *schaffe*) oder einkaufen (deutsch: *shoppen*) müsste.

So ist man zwar linguistisch und historisch verbunden und mentalitätsmäßig verwandt, aber irgendwie will man nicht zusammengehören. Und jeder macht gerne Witze auf Kosten derer, die auf der anderen Rheinseite leben. Auch dieses rituelle Verhohnepipeln (pfälzisch: *uzen*) kann ja theoretisch durchaus ein verbindendes Element sein. Der Spruch, dass da drüben über dem Rhein die *dappisch Seit* (die dumme Seite) ist, eint linksrheinische Pfälzer und rechtsheinische Kurpfälzer auf paradoxe Art und Weise. Denn beide können diesen Satz sagen und meinen damit in den Augen der anderen immer auch sich selbst.

Ein schönes Spiel ist es, die Anfangsbuchstaben von Autonummern für dieses gegenseitige Abgrenzungsritual zu benutzen: Mannheim, MA: »Maul-Aff«; Heidelberg, HD: »Halb-Depp«; Bad Dürkheim, DÜW: »Die üblen Winzer«; Südliche Weinstraße, SÜW: »Sie üben wieder«; Ludwigshafen, LU: »L, U, steig' aus und schlag zu!«

Man sollte solche Spielchen aber nicht falsch verstehen. Die Grundstimmung der Eingeborenen zwischen Rhein und Wald und Wein ist entspannt. Alles andere ist Spaß.

Eine Anmerkung zum Saarland

Die richtigen »Feinde« sind nämlich anderswo zu finden: Hinter der westlichen Grenze liegt das Saarland. Mit dessen Einwohnern verbindet die Pfälzer eine herzliche Freund-Feindschaft, die sich immer wieder in mehr oder weniger ironisch verkleideten, gegenseitigen Bemerkungen mitsamt dazugehörigen, mehr oder weniger lustigen Witzen äußert. Das Ganze hat rituelle Züge angenommen, die den Verdacht aufkommen lassen, beide Stämme wollen nur davon ablenken, dass sie sich doch viel ähnlicher sind, als sie wahrhaben wollen. Damit haben wir jetzt zwar schon sehr dünnes Eis betreten, aber wir wollen ehrlich sein und ohne Rücksicht auf Verluste diesen ketzerischen Gedanken aussprechen: Vielleicht sind sich Saarländer und Pfälzer gerade deshalb so spinnefeind, weil beide spüren, dass sie mehr Ähnlichkeiten verbindet, als ihnen lieb ist.

Das beginnt beim Dialekt, der im östlichen Saarland (der Saarpfalz), in Homburg zum Beispiel, und in der westlichen Pfalz sehr ähnlich und verwandt ist, linguistisch sogar gemeinsam als »westpfälzisch« kategorisiert wird. Dazu kommt, dass nicht nur die Pfälzer, sondern auch ihre Nachbarn, die ebenso an der Grenze zu Frankreich lagern, eine gewisse Portion Lebenslust und Genusspräferenz abbekommen haben. Die Nähe zum *Savoir-vivre* Frankreichs ist halt beiden Stämmen eigen, der französische Einfluss überall spürbar. Und die Tatsache, dass gewisse Besucher, die aus den großen Metropolen anreisen, sowohl die Saarländer als auch die Pfälzer gerne als »provinziell« bezeichnen, ist auch eine Gemeinsamkeit.

Es sind wahrscheinlich eben diese niemals anerkannten Ähnlichkeiten, die die rituelle Feindschaft zwischen Saarländern und Pfälzern so anfeuern. Natürlich würden beide niemals zugeben, dass überhaupt eine wie auch immer geartete Verwandtschaft besteht. Und bevor der Schreiber dieser Zeilen wegen seiner gefährlichen Gleichmacherei-Diplomatie sich auf einmal mit seiner Zwangsausbürgerung konfrontiert sieht, beenden wir dieses Thema lieber jetzt gleich … mit einem obligatorischen Saarländerwitz:

Zwei Saarländer laufen die Straße entlang, sagt der eine zum anderen: »Lass mich ach mo in die Mitt!«

Dass man diesen Witz genauso gut umgekehrt erzählen könnte, ist Teil des Spiels. Und wenn man mal »Saarländerwitze« und »Pfälzerwitze« googelt, dann wird man feststellen, dass, je nach Perspektive, oft der gleiche Witz gegen die eine Seite auf einmal mit ausgetauschter Landsmannschaft gegen die andere Seite genausogut oder schlecht funktioniert.

Zum Abschluss also gleich noch einen:

Was zeigt man einem Saarländer, der seit zehn Jahren unfallfrei gefahren ist? Den zweiten Gang.

Nachdem wir mit großem Gelächter nun endlich die zwei einzigen saarländischen Leser dieses Büchleins losgeworden sind, können wir noch eine Anekdote nachschieben, die sich um Helmut Kohl und Saumagen dreht, womit die pfälzischen Groß-Klischees wirklich alle erfüllt wären:

François Mitterrand sitzt im Deidesheimer Hof, und ihm schmeckt es nicht. Lustlos stochert er in seinem Saumagen herum, was Hannelore Kohl auffällt. Sie raunt ihrem Mann zu, was sie gesehen hat, worauf dieser sich zum Franzosen beugt und ihm etwas ins Ohr flüstert. Daraufhin beginnt Mitterrand auf einmal gierig zu essen und verlangt sogar Nachschlag. Wie er das geschafft habe, will Frau Kohl später wissen. Und ihr Mann antwortet: »Ich habe ihm gesagt, wenn er nicht ordentlich aufisst, kriegt er das Saarland zurück.«

Eine Anmerkung zu Karlsruhern
und anderen Baden(s)ern

Östlich des Rheins siedeln die Badener, von den Pfälzern auch gerne mit dem abschätzigen Wort »Badenser« oder »Gel(b)füßler« bezeichnet. Mit dem nördlichen Zipfel Badens, der Kurpfalz von Mannheim im Norden bis Kronau-Östringen im Süden, verbindet die Pfälzer, wie gesehen, eine gemeinsame Geschichte und Mundart. Aber noch weiter südlich ist die Trennung zwischen Pfalz und Baden spürbarer. Zwischen dem pfälzischen Wörth und dem badischen Karlsruhe fließt der arme Vater Rhein, der als Grenze herhalten und doch täglich von Tausenden von Pendlern und am Wochenende von Scharen Tagesausflüglern überquert wird. Und bei all diesen wechselseitigen Begegnungen werden auch gegenseitige Animositäten auf ironisch ritualisierte Art ausgetauscht. Von den urbanen Karlsruhern werden die Pfälzer gerne als Landbevölkerung abgetan. Und die weiß ohnehin, dass von *de dappisch Seit mit de geele Füß'* nichts Gutes kommen kann. Selbst erlebt hat der Autor den verbalen Ausbruch eines eloquenten pfälzischen Hausmeisters, der beim Anblick eines Autos mit KA-Nummernschild reflexartig die folgende Charakterisierung der Insassen ausspuckte: *»Kummen do her, scheißen in de Wald und hauen wieder ab.«*

Ein verbindendes Element ist die völlig überlastete Rheinbrücke. Hier stehen beide Landsmannschaften vereint im Stau. Seit Jahren wird diskutiert, ob man eine zweite Rheinbrücke bauen soll, um den alltäglichen Verkehrswahnsinn etwas zu mildern. Es wird allerdings auch gemunkelt, dass in gewissen lokalpatriotischen Pfälzer Kreisen gefordert wird, nicht nur keine zweite Brücke zu bauen, sondern die erste auch noch abzureißen, damit man endlich Ruh' hat vor den badischen Weekend-Invasoren.

Zu gern lässt der Pfälzer seinen Regionalpatriotismus halb ernst, halb spielerisch heraushängen, als dass er anerkennen würde, dass auch auf der anderen Seite Menschen wohnen, für die Lebenslust kein Fremdwort ist und die sogar (ab und zu, unter bestimmten Voraussetzungen, hie und da, eventuell) auch mal guten Wein machen ... was man allerdings niemals so richtig herauszufinden imstande ist, weil man noch nie badischen Wein über seinen empfindsamen Pfälzer Gaumen, geschweige denn in den Magen und die Leber hat rinnen lassen. Und wenn dem wirklich so wäre, so fragt sich der Pfälzer, warum kommen dann die *Gelbfüßler* an jedem Wochenende in Scharen über die Brück'?

Genau: Weil die Pfalz das gelobte Land ist, wo alles besser, schöner, billiger, freundlicher und ... überhaupt ist.

Mannheim

Linksrheinische Pfälzer wagen die Fahrt über den Rhein, weil sie dort arbeiten gehen oder einkaufen. Und umgekehrt rollt sonntags oft eine lange Karawane der Wochenendbesucher über die drei Mannheimer Rheinbrücken in die Pfalz. Vom Shopping-Erlebnis in der Kurpfalz zum Schoppen-Erlebnis an die Weinstraße. So fügt sich eins zum anderen.

Doch bei genauerem Hinsehen hat die Kurpfalzmetropole noch einiges andere zu bieten, was man so gar nicht erwartet hätte. Überhaupt ist Mannheim wahrscheinlich die meist unterschätzte Stadt Deutschlands. Der Ruf ist nicht gerade der beste – dazu weiter unten mehr. Aber mehr und mehr vor allem jüngere Menschen finden heraus, dass Mannheim bunter und vielfältiger ist als viele andere Städte und so manchen unerwarteten Superlativ aufzuweisen hat.

Da wäre das zweitgrößte Barockschloss Europas, was gar ein ganzes Fenster mehr haben soll als die Mutter aller Barockschlösser, Versailles.

Und: die quadratischste Innenstadt der Welt. Eine Mannheimer Adresse kann so aussehen: »Q1,7« oder »F4,5« – und ist dabei keine Koordinatenangabe. Von den Kurfürsten des 17. Jahrhunderts stammt diese Idee, die Stadt am Reißbrett zu entwerfen, als sie ihre Residenz von Heidelberg nach Mannheim verlegten. Die merkwürdige und einzigartige Anordnung der City in Quadraten, die alle vom Schloss aus gesehen mit Ordnungsbuchstaben und Nummern versehen sind, ist noch heute Grund für manch erheiterndes Informationsgespräch zwischen fragendem Auswärtigen und hilflosem Einheimischen. Nicht alle Einwohner können erklären, wie das System funktioniert, haben dann stattdessen aber andere unfreiwillig humorvolle Antworten parat: *»Wenn ma's weeß, isses gonz äfach. Wirklisch!«*

Weitere Bemerkenswertigkeiten Mannheims sind der zweitgrößte Binnenhafen Europas und außergewöhnliche Momente der technischen Weltgeschichte: Hier erblickte das erste Automobil das Licht der Welt, zusammengebaut von Carl Benz. Weitere Fortbewegungsmittel hatten hier Weltpremiere wie das Fahrrad des Freiherrn Karl von Drais und der Bulldog eines Heinrich Lanz. Hier hat die erste »Popakademie« Deutschlands ihren Sitz und eine der international führenden Hochschulen für Wirtschaftswissenschaften. Und wenn man an der größten zusammenhängenden Jugendstilanlage Deutschlands steht, dem Friedrichsplatz mit Wasserturm, dem Wahrzeichen der Stadt, wird so manchem voreingenommenen Besucher klar, dass er nicht in demselben Mannheim ist, das er vorher auf dem Zettel hatte.

Und doch hat die Stadt, die dereinst zu kurfürstlichen Zeiten im 18. Jahrhundert als »das Florenz des Nordens« galt, immer noch und immer wieder einen ziemlich schlechten Ruf. Der Ausspruch: »Mannheim? Kenn ich. Bin schon mal durchgefahren« gilt bei so manchem Auswärtigen schon als Anerkennung für eine Stadt, die zwar musikalische Pionierleistungen wie die »Mannheimer Schule« und deutschsprachigen Soul und eine Popakademie hervorgebracht hat, aber immer noch auf Schlagwörter wie »Industriestadt«, »hässlich« oder »schlechte Luft« reduziert wird.

So mancher Mannheimer möchte glauben, dass es schwäbische Verschwörer sind, die es immer wieder schaffen, der kurpfälzischen Stadt am nördlichsten Zipfel des Landes Baden-Württemberg eines auszuwischen. Wo im Stuttgarter Talkessel Milliarden im Sand verbuddelt werden, um einen Bahnhof tieferzulegen, bleibt für die Peripherie halt nicht mehr viel übrig. Liegt es etwa daran, dass die meisten zugfahrenden Schwaben immer in Mannheim umsteigen müssen, wenn sie den richtigen ICE erwischen wollen? Das kann nur ein frustrierendes Erlebnis sein. Dann steht da wohl so mancher genervte Stuttgarter auf dem zugigen Bahngleis in Mannheim und denkt: *»Was bin i froh, dass i in dem Dreckloch kei Kehrwoch hab.«*

Oder ist es einfach nur die Notwendigkeit, ein bequemes Klischee immer wieder mit neuem Leben füllen zu müssen, weil man sonst keinen mehr hat, auf den man runtergucken kann? Die Mannheimer machen das übrigens genauso mit Ludwigshafen, ihrer Schwesterstadt, von der sie nur durch den Rhein und die Grenze nach Rheinland-Pfalz getrennt sind. Da brettert man gerne über marode Hochstraßenkonstruktionen und denkt: »Ludwigshafen ist am schönsten, wenn man schnellstmöglich durchfahren kann.«

Ein Mannheimer hat es immer etwas schwerer, wenn er irgendwo auf der Welt gefragt wird, woher er kommt. Nennt er dann frei heraus den Namen seiner Stadt, sieht er bei seinem Gegenüber oft einen kleinen Hauch von Mitleid über die Netzhaut huschen. Und kann dann beinahe hören, was das Gegenüber denkt: »Mannheim? Na ja, man kann sich's halt nicht aussuchen, nicht wahr?«

Ein Münchner, Berliner, Hamburger oder Frankfurter, ja, sogar ein Dortmunder, würde mit Stolz den Namen seiner Stadt in die Welt hinausblasen. Wird man aber im Ausland nach seiner Herkunft befragt, fühlt sich so mancher zu Hause so stolze *Mannemer* auf einmal bemüßigt, Umschreibungen und Vergleichskoordinaten anzufügen. *»Mannheim? It's close to Heidelberg, you know!*« Das tut zwar weh, aber es hilft meistens. Und die Antwort kommt prompt: *»Oh yes, everybody knows Heidelberg, beautiful town.«*

Die neueste Variante dieser schmerzhaften Reaktionen kann übrigens auch lauten: »Ach, Mannheim? Sind Sie einer von diesen Söhnen da?« Eine Zeitlang hatte es so ausgesehen, als würde der Ruf Mannheims allein durch die Popularität der Band, die sich so stadtmarketingmäßig *Söhne Mannheims* nennt, stetig verbessert werden. Keine Imagekampagne, keine groß angelegte Werbestrategie hätte wohl auch nur ansatzweise geschafft, was ein gewisser Xavier Naidoo zusammen mit seinem Partner Michael Herberger durch das offensive Bekenntnis zu ihrer Heimatstadt ins Rollen brachten. Schon zu Beginn ihrer Karriere hatten sie genügend Neider und Gegner auf den Plan gerufen, zumal sie mit religiösen Unter- und Obertönen nicht gerade sparsam umgingen und die Stadt als das »neue Jerusalem« bezeichneten. Fakt ist, dass Mannheim dadurch in weiten Kreisen und gerade bei jüngeren Menschen im deutschsprachigen Raum auf die Landkarte der angesagten Städte kam. In Mannheim war man zunächst stolz auf die berühmten Söhne. Aber, wie könnte es anders sein in dieser bunten Stadt, irgendwann ging das Ganze nach hinten los. Immer öfter wurden böse Schlagzeilen produziert, weil sich Xavier Naidoo auf kontroverses Terrain wagte, bei einer »Reichsbürger«-Demonstration in Berlin eine Rede hielt und auch mal mit der einen oder anderen Verschwörungstheorie an die Öffentlichkeit ging. Das wollten die meisten nicht so einfach unter künstlerischer Freiheit oder

Meinungsfreiheit einordnen. Als 2017 dann das kontroverse Lied »Marionetten« auf dem Jubiläumsalbum der *Söhne Mannheims* erschien, wurde das Ganze medial so aufgeblasen, dass die Stadt Mannheim sich auf einmal von ihrem Star öffentlich distanzierte und eine Erklärung verlangte. Auch wenn man sich dann letztendlich einigte, liegt seitdem ein Schatten auf der vorher so wundersamen Erfolgsgeschichte der Stadt und ihrer berühmten Söhne. Egal, welche Meinung man zum Inhalt der Lieder hat, insgesamt sind diese Vorkommnisse ein ziemlich peinlicher Vorgang, der die Grundregeln künstlerischer Freiheit auf den Kopf stellt und zu einer multikulturellen und toleranten Stadt wie Mannheim eigentlich nicht passt. Man hat es eben schwer mit seinen Prominenten in dieser Region.

Selbst wenn sie durchweg positiv besetzt sind wie ein Carl Benz, der Erfinder des Automobils, dann wird der irgendwann von den Schwaben aus dem Firmennamen eliminiert (Daimler AG), oder ein US-amerikanischer Präsident namens Barack Obama macht gleich Henry Ford zum Erfinder des Autos …

Wer sich aber – unbeeindruckt von den negativen Klischees, die an Mannheim kleben wie die schlechte Luft, die von Ludwigshafen über den Rhein kommt – direkt auf die Stadt einlässt, der entdeckt die verborgenen Qualitäten. Wohl kaum eine andere Metropole dieser überschaubaren Größe von rund 300 000 Einwohnern bietet ein so multidimensionales Großstadterlebnis auf so kleinem Raum. 160 verschiedene Nationen leben hier. Mannheim ist Einwanderungsmetropole, und das bereits seit dem 17. Jahrhundert.

1652 sollte die durch den Dreißigjährigen Krieg völlig zerstörte Stadt wiederaufgebaut werden. Dazu verfasste Kurfürst Karl I. Ludwig einen Aufruf, der einen frühen Toleranzbegriff prägte und so als eine Art Pionierleistung in die Geschichte eingegangen ist. Man warb um Zuwanderer und versprach Bürgerprivilegien mit dem berühmt gewordenen Zusatz: »ohne Unterschied der Nation«. In der Folgezeit strömten die Immigranten nach Mannheim und schafften es, die Stadt innerhalb von wenigen Jahren wieder zum Blühen zu bringen. Franzosen, Flamen, Holländer, Portugiesen und andere machten Mannheim damit zum ersten Mal in seiner Geschichte zu einer multikulturellen Metropole. Die damals gelebte religiöse Toleranz, ohne die das ganze Projekt zwangsläufig zum Scheitern verurteilt gewesen wäre, mutet heute modern und unglaublich zugleich an. Offiziell war man damals calvinistisch und gehörte der reformierten Landeskirche an, doch laut Beschluss war die Kurpfalz auf einmal ein Land mit einer gewissen Religionsfreiheit. Dazu gehörten selbst Religionsgemeinschaften wie Hutterer oder Mennoniten, die anderswo verfolgt wurden und die man nun, so sie auf missionarische Aktivitäten verzichteten, gewähren ließ. Auch Juden aus vielen Ländern fanden hier Zuflucht und ein neues Leben. Knapp 30 Jahre dauerte dieser »Modellversuch«, bis er beendet wurde, wie er begonnen hatte – durch Krieg. 1688 dehnten die französischen Heere ihren Verwüstungsfeldzug auf rechtsrheinisches Gebiet aus, und Mannheim wurde wieder einmal zerstört. Und mit ihm für viele Jahre auch die Idee eines Miteinanders »ohne Unterschied der Nation«.

Heidelberg

Heidelberg, eine kleine Großstadt an einem Fluss in Baden-Württemberg, Touristenmagnet und Weltkulturerbe. Im zweiten Weltkrieg hatte Heidelberg das Glück, vom alliierten Bombardement verschont zu bleiben, weil angeblich ein paar US-Offiziere hier schon vorher als Touristen oder Studenten gewesen waren. Und eine intakte Altstadt in Kombination mit einem seit Jahrhunderten kaputten

Schloss – das ist eine Kombination, die es sonst nirgendwo mehr gibt auf der Welt.

Die Bedeutung für den internationalen Tourismus, der jahrhundertelang gepflegte Mythos der Romantik mit all seinen dort verlorenen Herzen und die Strahlkraft als Studentenmetropole hat aus der Stadt eine Erlebniswelt gemacht, die eigentlich eine eigene Gebrauchsanweisung rechtfertigen würde. Die Stadt ist so vielseitig und eindeutig, so berechenbar und voller versteckter Geheimnisse, so international und provinziell, so aufregend und nervig, dass man ohne Probleme ein eigenes Buch damit füllen könnte.

Doch weil wir uns hier hauptsächlich mit der heutigen Pfalz beschäftigen, auf der linken Seite des Rheins, und Heidelberg der Vollständigkeit halber als frühere Hauptstadt der historischen Kurpfalz quasi im Vorbeiflug streifen, wollen wir uns mit ein paar Hinweisen und der ein oder anderen lokalpatriotischen Eingeboreneneinsicht begnügen.

Wer unter den *»Europe-in-two-and-a-half-days«*-Touristen aus Fernost oder Wildwest irgendwann gemerkt hat, dass Lederhosen und Einliter-Bierseidel eben nicht *German* sondern nur *Bavarian* sind, der stürzt sich geradezu auf Heidelberg, denn hier hat er auf engstem Raum alles, was es an Deutschland-Klischees so gibt: Romantik, *German Gemutlichkeit*, *castle*, Wein, Bier und große Teller mit *sausages*. Und damit man nicht ganz auf die obligatorischen Bierseidel verzichten muss, gibt es bayerische Sortimente (*made in Taiwan*) an den Souvenirständen rund um die Heiliggeistkirche in der Altstadt, samt blau-weißer Rautenflagge – und Schwarzwälder Kuckucksuhr. Es ist so wichtig, die Erwartungshaltungen zu erfüllen, damit sich die Besucher »angenommen« fühlen, gell?!

Automatisch heimisch fühlen sich die meisten Touristen beim Gang durch die Fußgängerzone von der Altstadt bis zum Bismarckplatz. Denn egal, ob sie aus Bochum, Boston, Brisbane oder Beijing kommen, die gleichen Shops mit denselben internationalen Namen kennen sie auch von daheim. Dort sind diese in großen Malls zu finden, und hier gibt es sie als kleine Läden, die sich im heimeligen, engen Ambiente der Heidelberger Hauptstraße, der längsten Fußgängerzone Deutschlands, ausnehmen wie individuelle Boutiquen. Sogar überall bekannte Markensymbole haben sich als nette, auf alt gestylte Ladenschilder der Heidelberger Märchenidylle angepasst.

Wer als Besucher das erste Mal hierherkommt, der arbeitet die Liste »Schloss, Altstadt, Fußgängerzone, Alte Brücke, Neckar, Studentenkneipe« ab, lässt sich eventuell noch auf einen Spaziergang auf dem Philosophenweg auf der anderen Neckarseite ein – und weiter geht's.

All das reicht eigentlich schon, um Heidelberg wunderschön zu finden – wenn man über den angedeuteten Bierseidel-Touristen-Nippes-Faktor hinwegsieht. Die Lage ist einfach einzigartig am Beginn des Neckartals, auf der einen Seite das alte Schloss, einst Residenz der Kurfürsten von der Pfalz, das sich 80 Meter über dem Fluss erhebt, ganz aus rotem Sandstein und so wunderschön kaputt und romantisch ruinös, dass man meinen könnte, es sei genauso geplant gewesen. Die Truppen Ludwigs XIV. waren's wieder einmal, die in besagtem Pfälzischen Erbfolgekrieg das Gebäude so perfekt und geradezu disneyworldartig schliffen, so elegant marode machten, wie es wohl nur die Franzosen können. Kein Wunder, dass Maler aus aller Welt die Ruine mitsamt dem bergigen Odenwald im Hintergrund und dem grün leuchtenden Flusstal zu Füßen als idealtypische Landschaft entdeckten, allen voran William Turner, der in der ersten Hälfte des 19. Jahrhunderts Heidelberg immer wieder besuchte und diese Szenerie auf die Leinwand gebannt hat.

Kaum zu glauben, dass die Regierung des Großherzogtums Baden, dem die kurpfälzischen Städte Heidelberg und Mannheim 1803 zugeteilt wurden, Überlegungen anstellte, die romantischste aller Ruinen abzureißen. Dieses »alte Gemäuer mit seinen vielfältigen, geschmacklosen, ruinösen Verzierungen« sollte verschwinden, ganz einfach, weil die Instandhaltung zu teuer war. Irgendwie kommt einem dieses fast unschlagbare Argument heute sehr bekannt vor.

Zu Beginn des 19. Jahrhunderts wurde das Schloss Symbol für Freiheits- und Demokratiebewegungen, die unter den studentischen Verbindungen bald revolutionäre Züge annehmen sollten. Ironischerweise war es dann ein Franzose, der sich als Erster effektiv für den Erhalt des Schlosses einsetzte. Der Adelige Charles de Graimberg lebte bis 1822 als freiwilliger Schlosswächter direkt neben dem Hof des alten Gemäuers und kann als eine Art Pionier der Denkmalpflege gesehen werden. Er kümmerte sich um den Erhalt und die Dokumentation des Gebäudekomplexes, den seine Vorväter noch so lustvoll zerschossen hatten. So kam das eine zum anderen, und das Schloss ist heute UNESCO-Weltkulturerbe und eine der größten Touristenattraktionen Deutschlands.

Zu Recht, denn wo sonst ist das Schlossruinen-Erlebnis so einmalig und vielfältig wie hier. Es ist einfach eine perfekte Mischung aus Kulisse und Historie, kaputt und verwuchert, massiv und filigran, Garten und Wald, Schloss und Burg. Und wenn man sich den Weg durch japanische Reisegruppen und norddeutsche Studienurlauber gebahnt hat und hinaus tritt auf die große Terrasse, dann wird man wirklich belohnt mit einem der schönsten Ausblicke, den Deutschland zu bieten hat: das Neckartal, die Altstadt und, bei guter Sicht, weiter hinten die gesamte Breite der Oberrheinischen Tiefebene, die am Horizont vom Pfälzerwald abgeschlossen wird. Da spürt sogar der ewig nörgelnde Satiriker, dass an all diesen Studentenkuss- und Herz-verloren-Klischees irgendetwas dran sein muss. Hier die einzelne Wand einer Palastfassade mit leeren Fensterhöhlen, hinter denen der blaue Himmel leuchtet. Dort der berühmte Pulverturm, dessen eine Hälfte mitsamt massiven Mauern im Efeu versunken ist.

Heidelberg bietet wie kaum eine andere Touristenstadt in Deutschland Fotomotive an jeder Ecke. Und nicht nur für Kabarettisten und Ethnologen eine Fülle von Inspirationen bei Begegnungen mit fremden Kulturen, Indern, Chinesen, Amerikanern, Koreanern, Sachsen, die alle eins gemeinsam haben: den universellen Zwang, das Smartphone als Körperteil zu begreifen, mit dem man auch noch fotografieren kann. Und zwar sich selbst, mit allem, was hintendran passt.

Wer sich die Zeit nimmt und unten am Neckar auf der Alten Brücke seine Mitmenschen aus aller Welt beobachtet, hat entweder ein kopfschüttelndes Erleuchtungserlebnis, dass wir Menschen doch im Grunde alle gleich sind. Oder einen Lachanfall, weil man denken könnte, dass gewisse Mitmenschen anscheinend nur wenige Insta-Gramm Hirnmasse abbekommen haben.

Auf der anderen Seite der Brücke steht ein Heidelberger Senior, der einer Gruppe kichernder japanischer Schülerinnen bei ihren verzweifelt wirkenden Selfie-Verrenkungen zusieht. Gastfreundlich und hilfsbereit, wie Kurpfälzer nun mal sind, bietet er ihnen an, das Foto für sie zu machen, woraufhin der charmante Alte von diesen angeguckt wird wie ein Alien. Und auch wenn man kein Japanisch kann, ist es nicht schwer, aus den Gesichtern zu lesen: »Wir machen ein Selfie. Und dieser alte Mann will mit auf's Bild?«

Noch mehr Kurpfalz

Neben den alten Residenzstädten Mannheim und Heidelberg hat das Gebiet der historischen Kurpfalz rechts des Rheins eine Reihe weiterer sehenswerter Orte zu bieten. Das Kraichgau ist eine ganz eigene Landschaft mit Hügeln,

Wald, Wiesen und Wein, die glücklicherweise (noch) nicht im Fokus des Tourismus steht. Die beiden größeren Städte sind Wiesloch und Sinsheim mit dem überaus erfolgreichen Fußball-Millionenprojekt Hoffenheim des SAP-Gründers Dietmar Hopp, das samt modernem Stadion inzwischen aus der Bundesliga nicht mehr wegzudenken ist. Das einst verschlafene Walldorf wurde durch die Gründung der SAP und den Ausbau ihrer Zentrale zur neuen Boomtown der Kurpfalz inklusive Golfplatz und breit ausgebauter Autobahnauffahrt. Und nur ein paar Kilometer weiter ist man ganz schnell mitten im grünen Hügelland mit romantischen Orten wie Angelbachtal, Eschelbronn oder Malsch. Aber Vorsicht: Hier sind die Grenzen zwischen historischer Kurpfalz und dem Schwabenland oft fließend, manchmal sogar strittig, für den auswärtigen Besucher also kaum zu erkennen, dafür den Einwohnern aber umso wichtiger. Bevor man also jemanden als Schwaben bezeichnet und dafür auf einmal mit wenig gastfreundlichen Reaktionen überrascht wird, sollte man lieber vorsichtig fragen, wo man sich gerade befindet: badischer Kraichgau, württembergischer Stromberg? Oder noch besser: Man genießt einfach wortlos und lächelnd die schöne Landschaft zwischen Rheinebene und Odenwald, Neckartal und Nordschwarzwald.

Nördlich des Kraichgaus, gleich neben Heidelberg, liegt Schwetzingen. Hier steht das ehemalige Lustschloss der Kurfürsten, mit intaktem und immer noch bespieltem Rokokotheater und einem riesigen Garten, der mit all seinen Spielereien und Attraktionen wirkt wie eine barocke Vorversion von Disneyland. Sogar eine Moschee ist Bestandteil dieser Märchenlandschaft, die sich die Aristokraten damals hinstellen ließen. Wo früher nur die Perücken tragende adelige *upper class* zugelassen war, strömen heute die Massen in den Park bei diversen Feierlichkeiten wie dem »Lichterfest« oder dem Klassik-Open-Air »Schloss in

Flammen« mit Synchronfeuerwerk – ganz so wie früher und doch um einiges volksnaher. Auch die Stadt Schwetzingen selbst bietet schöne Gassen und Plätze und ein barockes Gesamtensemble, das vor allem im Sommer eine heftige Urlaubsatmosphäre verströmt, so wie es sich eben für die Eventlocation eines kurfürstlichen Lust(!)-Schlosses geziemt.

Auch Weinheim, das nur rund 20 Kilometer von Heidelberg entfernt liegt, ist so eine Stadt, die mit Flair, alter Bausubstanz und einer fantastischen Lage an den Hügeln des Odenwaldes unter zwei Burgen alles hat, was Urlauber (und Einheimische) lieben. Der Marktplatz gehört mit seinem schief verlaufenden Kopfsteinpflasterboden und den aneinandergereihten Restaurants sicher zu den schönsten Plätzen Deutschlands.

Fährt man von Mannheim aus den Neckar hinauf, bieten sich einem vielfältige Reize mit überraschenden Flussschleifen und Überraschungen. Ladenburg zum Beispiel, das sich gerne als »älteste Stadt Deutschlands rechts des Rheins« bezeichnet (womit wir wieder mal einen schön konstruierten Superlativ haben, auf den wir stolz sein können). Auf jeden Fall haben dereinst die Kelten und die Römer hier gesiedelt. Letztere haben auch einiges stehen und zum Wiederfinden in der Erde gelassen, sodass das ehemalige Lopodunum heute mitsamt seiner spätmittelalterlichen Altstadt ein echtes touristisches Kleinod am Neckar ist, das nicht so viele Auswärtige auf dem Zettel haben.

Nach Heidelberg, vorbei an Alter Brücke und Schloss, entwickelt das Flusstal erst so richtig seine Schönheit mit grünen Hängen, Schleusenstufen, eng geschwungenen Flussschleifen, Burgen und kleinen Orten. Hier lohnt sich eine Flusskreuzfahrt schon allein deshalb, weil der im Vergleich zum Rhein nicht so breite Neckar hinter jeder Biegung etwas anderes zu bieten hat. Ein Ort, der nicht unbedingt auf dem Reiseplan der Besucher liegt und deswegen zu den persönlichen kurpfälzischen Geheimtipps des Autors gehört, ist Dilsberg, oben am Hang über dem Neckar. Hier kann man auf der Stadtmauer sitzen und durch Apfelwiesen hindurch auf das grüne Band des Flusses gucken und darüber sinnieren, warum sich hierher so wenig Touristen verirren oder warum noch nie ein findiger *Locationscout* die mittelalterlichen Gassen von Dilsberg für eine historische Fernsehserie entdeckt hat. Und weil beides nicht so ist, genießt man es umso mehr.

Den Neckar weiter hinauf, vorbei am hessischen Hirschhorn, landet man in Eberbach. Dies ist die erste kurpfälzische Metropole an diesem tapferen Fluss, der sich seinen Weg aus dem Schwabenland hierher gebahnt hat. Hier wirkt der Neckar noch etwas grüner und lebenslustiger als sonst schon. Manche bösen lokalpatriotischen Zungen behaupten, man könne dem Fluss ansehen, dass er froh ist, schwäbisches Territorium hinter sich gelassen zu haben, damit er hier in der Kurpfalz lebenslustig vor sich hin schwingen und die Fische springen lassen kann, bevor er sich bei Mannheim ausgelassen und feuchtfröhlich in den Rhein ergießen darf.

Rheinhessen

»Die Rheinhessen sind Besserwisser, die vergessen haben, dass sie mal Pfälzer waren.« Solch eine Zusammenfassung der Mentalitäten und der Geschichte dieser beiden Landsmannschaften ist weder psychohistorisch belegt noch besonders gerecht. Aber irgendwie stimmt's halt doch – *e bissel!*

Und schon wieder ist der Wiener Kongress 1815 schuld daran, dass das große Weinreich der Pfälzer kleiner wurde. Das, was vorher noch Teil des französischen Pfalz-*Départments* Donnersberg gewesen war, wurde nun Teil des Großherzogtums Hessen, das sich dadurch auf die linke Rheinseite ausdehnen konnte.

Heute ist Rheinhessen die Verbindung zwischen der Pfalz im Süden und dem Rheinland im Norden. Böswillige Pfälzer Zungen könnten auch sagen: Rheinhessen ist der Bindestrich zwischen beiden Teilen des Bundeslandes. Aber das historisch bedingte rheinhessische Konstrukt hatte immerhin fast 200 Jahre Zeit, um zu eigener Identität zu reifen. Die Landeshauptstadt Mainz gehört zu diesem Gebiet und die alte Kaiserstadt Worms, zwei der drei romanischen Dome des Bundeslandes liegen hier, der dritte in Speyer. Und Rheinhessen weist außerdem zwei andere Vorzüge auf, die Pfälzern bisweilen wehtun: es hat das größte Weinbaugebiet Deutschlands und mit dem FSV Mainz 05 einen Fußballclub, der dem legendären pfälzischen Traditionsverein 1. FC Kaiserslautern inzwischen den sportlichen Rang abgelaufen hat.

Dass die Hauptstadt des Landes Mainz in Rheinhessen liegt, dagegen haben die Pfälzer kaum etwas, weil sie auch ganz gut ohne Politzirkus auskommen. Aber den Superlativ mit dem Wein, den hätte man vielleicht schon gerne selbst gehabt. Und das mit dem Fußball ... Mainz 05? Dann schon lieber Bayern München, das ist wenigstens schön weit weg. Rheinhessen ist der Pfalz eben viel zu nah, als dass es einem egal sein könnte.

Wie fließend die Grenzen zwischen beiden Regionen und Landsmannschaften sind, zeigt sich am schönsten und lustigsten im Zellertal. Was ein bisschen nach Tiroler Skigebiet klingt, ist eine der schönsten Gegenden der Pfalz, deren Landschaft sich ja meistens ziemlich geordnet zeigt: Rhein, Flachland mit Gemüse, Mittelgebirgsrand mit Wein, tiefer Wald mit Wiesen und Felsen, französische oder saarländische Grenze. Hier im Zellertal dagegen gibt es von allem etwas, und das auf kleinem Raum: einen lang geschwungenen Hügelrücken mit kleinen Weindörfern, die wie an einer Kette aufgereiht daliegen, Wald, Wingert, Wiesen, und im Hintergrund grüßt dunkel das Massiv des Donnersberges. Hier ist Raum für pfälzisch-rheinhessische Grenzerfahrungen: Pfälzische Winzer, die rheinhessischen Wein machen (müssen), weil Teile ihrer Weinberge auf fremder Gemarkung liegen. Wein aus einer Flasche eingeschenkt zu bekommen, die zwar von einem pfälzischen Weingut gemacht und verkauft, aber mit der Herkunftsbezeichnung Rheinhessen etikettiert wird – das stellt für manchen lokalpatriotischen Pfälzer schon eine gewisse Herausforderung dar.

Aber weil er tolerant und weltoffen ist, meistert er auch diese Aufgabe. Vielleicht ist es nämlich gerade Sonntag, der Pfälzer gerade dem Besucherstrom an der Weinstraße entkommen und genießt es, hier zu sein. Denn während zwischen Bockenheim, Deidesheim und Burrweiler die Parkplätze rar werden, geht es hier im Zellertal ruhiger zu. Und gleichzeitig muss man auf nichts verzichten, was die Pfalz so schön macht: urige Weinstuben und hippe Vinotheken, Wanderwege durch Wald und Wingert, Natur und *La Dolce Vita Palatina*.

So, das musste der Vollständigkeit halber hier geschrieben werden. Gleichzeitig möchte ich die interessierten Leser allerdings bitten, selbiges gleich wieder zu vergessen, damit das Zellertal das bleibt, was es noch ist: ein Pfälzer Geheimtipp.

Worms und der Dom

Der Rhein, die Nibelungen, der Dom, der Hauch der Geschichte. Als Worms seine große Rolle in der deutschen Historie spielte mit Siegfried, dem Drachentöter, den salischen Kaisern im 12. Jahrhundert bis hin zu Luther und dem Reichstag 1521 – da hatte noch keiner die verbalen Abgrenzungsscharmützel zwischen Pfälzern und Rheinhessen auf dem Schirm. Damals gab's noch Kaiser und Könige und den versunkenen Schatz im Rhein. Heute ist Worms eine charmante Stadt mit dem großen Festival der Nibelungen-Festspiele, dem es mit Millionenzuschüssen und aufwändigen Produktionen immer wieder gelingt, große Namen des deutschen Schauspiels zu gewinnen. Und: es gibt einen großen Dom. Den finden sogar pfälzische Lokalpatrioten gut, nicht nur, weil er kleiner und nicht so alt ist wie der in Speyer, aber doch auf eine ganz eigene Art großartig. Er ist einer der drei sogenannten Kaiserdome, die von Mainz bis Speyer den Rheinlauf prägen.

An der Grenze zum Elsass

Die Region Elsass ist die Fortsetzung der Pfalz nach Süden. Hier ist Frankreich Chef, so wie es das bis 1815 auch bei uns noch war. Das schon erwähnte Weintor in Schweigen-Rechtenbach ist der Anfang der Deutschen Weinstraße. Auf der anderen Seite liegt Frankreich. Auch hier gibt es übrigens ähnlich wie am nördlichen Ende am Rand von Rheinhessen Winzer, die auf beiden Seiten der Grenze Trauben lesen und damit echte Völkerverständigung keltern.

Doch während das Elsass heute vor allem in seinen Metropolen Straßburg und Colmar und in den Fachwerkhäuschen-Blumendörfern wie Riquewihr und Ribeauvillé samt Reisebusparkplatzidylle vom Massentourismus und all seinen Nachteilen dominiert wird, schafft es die Pfalz noch einigermaßen, sie selbst zu bleiben, indem sie sich selbst genügt. Sogar in den Hotspots wie Deidesheim oder Sankt Martin geht es bei allem Rummel meistens noch relativ unverfälscht zu. In der Pfalz ist der Tourismus willkommener und manchmal nervender, zusätzlicher Wirtschafts-faktor, aber keine alleinige Existenzgrundlage. Das macht sich bemerkbar bei Preisen und Mentalität.

Wenn man in der südwestlichen Ecke der Pfalz durch das Wasgau läuft, kann man dem Elsass auf andere, spannende Art begegnen. Auf einmal betritt man französischen Boden, manchmal vielleicht sogar, ohne sich dessen bewusst zu sein. Oder es steht ein fetter Grenzstein im Weg, bei dem man dann gerne ein paar Fotos macht – ein Bein in Deutschland, eins in Frankreich. Hier gibt es wunderbare Touren, bei denen man gleich mehrmals die Grenze über-queren kann, ohne Pass und nur mit einer Wanderkarte in der Hand. Auf pfälzischer Seite zu Mittag essen und auf elsässischer Seite den Nachmittagskaffee einnehmen mit Guglhupf und *Café au lait*. So hatten sich ein paar Idealisten das damals wohl mit dem vereinten Europa vorgestellt. Wie schade, dass dann die EU mit ihren Bürokraten dazwischen-kam …

Zugabe

Pfälzisch babbeln für Anfänger

Für Besucher von außerhalb ist es wahrscheinlich leichter, sich auf die Pfälzer Landschaft, die Genusskultur und die Mentalität der Bewohner einzulassen als auf ihren Dialekt. Jetzt, am Ende dieses Buches, ist es also höchste Zeit, etwas Verständnis zu wecken. Der folgende Ausflug in die Sprachwelt der Pfälzer ist für weltoffene Menschen gedacht, die mehr wollen als nur hilflos nicken, wenn der Eingeborene fragt: »*Un?*«

Es soll ein kleiner linguistischer Leitfaden sein für neugierige Pfalz-Entdecker, die sich nicht ungläubig oder gar ängstlich umschauen wollen, wenn sie in einer Menschenmenge ein lautes »*Alla!*« hören.

Dieser Grundkurs stellt natürlich keinerlei Anspruch auf Vollständigkeit. Er soll vielmehr Lust machen, selbst auf die Suche zu gehen nach weiteren Kleinodien, Unmöglichkeiten und nützlichen Bonmots, die im Sprachdschungel des Pfälzischen so wild wuchernd wachsen. Er achtet darauf, möglichst kurze Worte und Redewendungen aufzulisten, die ein Sprecher, der des Pfälzischen nicht mächtig ist, mit ein bisschen Imitationstalent gut aussprechen können müsste. Allerdings wird dringend davon abgeraten, über einen längeren Zeitraum und über mehrere Sätze hinweg Pfälzer Mundart nachzumachen. Der Pfälzer ist zwar im Allgemeinen gutmütig und cool. Bei gewissen Reizthemen jedoch, wie dem 1. FC Kaiserslautern, Saumagen, Pfälzer Wein oder der eigenen eigentümlichen Sprachverwendung, fühlt er sich schnell angegriffen, neudeutsch: verarscht. Was zur Folge haben kann, dass sich der gastfreundliche, lockere Einheimische auf einmal verwandelt in ein aufbrausendes, Urlaute ausstoßendes Feuchtbiotop. Dieser Zustand könnte zwar ganz mutigen Sprachforschern zusätzlich helfen, den Gebrauch pfälzischer Schimpfworte in freier Wildbahn zu recherchieren, birgt allerdings auch die Gefahr, neben starker Trommelfellprellungen weitere körperliche Belästigungen zu erfahren.

Also: nicht nachmachen, nur andeuten! Dann könnte vielleicht sogar so mancher Freischoppen der recht gastfreundlichen Eingeborenen rausspringen.

Wichtig ist: Pfälzer duzen schnell und gerne. Dann gehört man dazu. Falls Sie gesiezt werden, ist Ihre Integration noch nicht erfolgreich verlaufen. Damit es vielleicht ein bisschen schneller geht, folgen hier ein paar sprachliche Anregungen.

Relativpronomen

Was sich zwischenzeitlich in der gesamten deutschen Umgangssprache durchgesetzt hat, ist in der Pfalz schon immer so. Das bevorzugte Relativpronomen ist »*wo*« oder auch »*wu*«. Allerdings gibt es, entgegen dem übel meinenden Vorurteil, der Pfälzer Dialekt sei begrenzt an Ausdrucksmöglichkeiten, noch eine ganze lange Reihe weiterer Relativpronomen, die häufig gebraucht werden: »*der-wo, die-wo, des-wo, Niveau, AWO* ...«

Genetiv

Nicht nur in Pädagogenkreisen, auch von Lehrern wird immer wieder der Tod des Genetivs beklagt. Für Pfälzer klingt das allerdings viel weniger dramatisch: Der Tod des Genetivs? Bei uns hat der nie gelebt! Pfälzische Eingeborene regeln ihre Eigentumsverhältnisse entweder anders, wie im Kapitel »Feste« bei der Beschreibung des Schoppenglases als Gemeinschaftseigentum gesehen. Oder sie gebrauchen leichtfüßige grammatische Konstruktionen wie *»dem seiner, der ihrer, des vun dem do«* etc.

Begrüßung

Pfälzer Begrüßungen fallen meistens äußerst knapp aus. Je knapper, desto vertrauter.

Manchmal tut es auch nur ein wechselseitiges, kurzes Knurren, das aber oft herzlicher gemeint ist als viele unnütze Worte herkömmlichen Schmal-Talks.

Wer sich pfälzisch begrüßen möchte, der verwende je nach Tageszeit das leicht zu erlernende:

»Morsche!« (»Guten Morgen!«) oder

»N'Owend!« beziehungsweise *»Gu'nOwend!«* (»Guten Abend!«).

Ohne Zeitangabe und immer gültig ist das simple wie persönliche

»Un wie?«.

Eine passende Antwort darauf kann durchaus nur die Wiederholung der Frage sein:

»Un wie?«

»Un wie?«.

Woraufhin beide Sprecher meist in eine zweite eloquente Runde einsteigen:

»Jo.«
»Jo.«
Danach ist alles klar.

Verabschiedung

Pfälzer sind multilingual ausgestattete Sprachwesen. Auch
hier ist es durchaus üblich, sich mit dem mainstreamtaug-
lichen »Tschüss« und »(Auf) Wiedersehen« zu verabschieden.
Wer sich rein pfälzisch verabschieden möchte, sagt:
»Alla.« Oder etwas ausführlicher: *»Alla donn!«*
Alla ist das Zauberwort des Pfälzischen und wie mehrere
Umfragen regional einzigartiger Tageszeitungen ergeben
haben, das Lieblingswort der pfälzischen Mundartsprecher.
Etymologisch stammt es wohl vom Französischen *»aller«*
(gehen) und wird auch in zahlreichen anderen Zusammen-
hängen häufig benutzt.
Als Aufforderung: *»Alla hopp!«* (»Los geht's!«)
Als Beschwichtigung oder ungläubiger Ausruf: *»Jo alla!«*
Oder auch: *»Alla-alla!«* (im Sinne von: »Das glaubst du
doch selbst nicht!« oder »Das wird schon nicht so schlimm
sein.«).

Bejahung / Verneinung

Als positive Rückmeldung genügt zumeist ein einfacher
kurzer Laut, etwa *»hm«* oder *»mh«*. In rhetorisch anspruchs-
volleren Fällen gebraucht man gerne ein »Ja«, pfälzisch:
»Jo«, mit kurzem Auslaut und nach unten gehender
Stimme.
Bemerkung für Fortgeschrittene:
Dieses *»jo«* kann allerdings in anderem Zusammenhang
und mit anderer Aussprache auch das genaue Gegenteil,

nämlich »Nein« bedeuten. Dabei wird das »o« lang gestreckt, und die Stimme geht leicht nach oben. Ein Auswärtiger sagt zum Beispiel: »Haben Sie gewusst, dass der beste Riesling von der Mosel stammt?« Die passende Pfälzer Antwort: »*Jooo!*«, verbunden mit gerunzelter Stirn und abschätzig verengten Augen.

Die Pfälzer Mundart kennt mindestens vier Verneinungen. Vom einfachen, als schneller, kurzer Doppellaut ausgestoßenen »*Ä-ä*«, über das einfache »*Nää!*« zum bereits bekannten »*Jooo*« bis hin zur stärksten pfälzischen Verneinung, die gleichzeitig die schnellste bekannte Verneinung menschlicher Kommunikationsformen darstellt: das blitzartig, zwischen den Zähne herausgepresste »*o!*«, das in seiner Phonetik schon mehr einem [oa] ähnelt (hier stößt leider die deutschsprachige Verschriftlichung derartiger exotischer Laute an ihre buchstäblichen Grenzen).

Und wenn wir schon bei Verneinungen sind: Das hochdeutsche »nicht« heißt auf Pfälzisch »*net*«, was aber nichts mit »nett« zu tun hat. Sagt also ein Pfälzer: »*Du net!*«, ist das kein reduziertes Eingeborenen-Pidgin, keine Tarzan-Sprache (»Ich lieb, du nett«), sondern die klare Ansage, dass man hier etwas zu unterlassen hat: »DU NICHT!«

Beleidigungen

Oft sind es die »bösen« Wörter, die auswärtige Besucher am liebsten lernen wollen. Auch die pfälzische Mundart besitzt ein reiches Repertoire an Verbalinjurien. Das beginnt mit der einfachen Frage »*Bischt du noch ganz sauwer?*«, die weniger mit Körperhygiene als vielmehr mit unsauberer Hirntätigkeit zu tun hat.

Dazu kommen klangvolle Substantive wie *Hannebambel* (Hampelmann, Loser), *Labbeduddel* (Hänger), *Forzathlet* (Luftnummer), *Dollbohrer* (Einfaltspinsel) oder *Dabbschädel*

(Dummkopf), die alle auch mehr oder weniger spielerisch gebraucht werden. Eine echte Beleidigung ist *Heckebankert* (ein hinter der Hecke gezeugter Bastard).

Es wird dringend davon abgeraten, diese Wörter aktiv zu gebrauchen. Einheimische verwenden sie zwar gerne und vielfältig, oft aber mit ironischem Unterton, der nur durch phonetische Nuancen erkennbar ist und dadurch die Beleidigung quasi neutralisiert und zu einer kleinen spielerischen Neckerei umwandelt.

Dieses Sprachritual des *uzen* (sich gegenseitig necken/ »verarschen«) gehört zum Alltag Pfälzer Konversation. Als Munition dient hier außer der spontanen Situationskomik ein reiches Arsenal an Sprüchen:

»Ah do: Geschdern noch gsund und munter, und heut schmeckts schunn widder, hä?!«

»Jo, wenn mer disch net hätt un die siwwe Löffel, müsst ma die Supp allää auslöffle.«

Diese unterhaltsame Art, das normale Gebabbel satirisch zu würzen, ist für Pfälzer ganz selbstverständlich, lässt sich für Auswärtige aber nur schwer decodieren, geschweige denn aktiv nachmachen. Denn ohne den kaum merklichen ironisch spielerischen Unterton bleibt die Beleidigung das, was sie ist: eine Beleidigung, mit allen möglichen Konsequenzen, die daraus entstehen können.

Beim Trinken

Mit Pfälzern kommt man am leichtesten ins Gespräch beim Weintrinken. (Falls diese Erkenntnis für Sie neu ist, dann haben Sie bei den vorangegangen Seiten nicht aufgepasst, oder Sie fangen üblicherweise von hinten an zu lesen.) Haben alle die Gläser zum Anstoßen in der Hand, werden gerne Trinksprüche ausgestoßen. So wie überall auf der Welt – nur hier eben anders.

Passend wäre ein einfaches *»Proscht!«* Oder ein stilsicheres *»Zum Wohl!«*, vielleicht sogar ergänzt durch ein *»Zum Wohl. Die Pfalz.«*, was sofort mehrere Bonuspunkte auf der pfälzischen Lokalpatriotismus-Skala bringt.

Auf keinen Fall sollten Sie sagen: »Prosit!«, geschweige denn »Stößchen!«. Für derartige kleinkarierte Sprüchlein sind die hiesigen Trinkgefäße einfach nicht niedlich genug und der Durst der Eingeborenen zu groß.

Erfahrenere Sprecher stoßen beim sich ständig wiederholenden Anstoßen auch solche Sachen aus wie *»Druff un dewedder!«* (Drauf und dagegen), *»Un nei demit!«* (»Und rein damit!«). *»Hopp! Simmer widder gut bei dem Sauwetter do«* (im Sinne von »Sind wir wieder gut, egal was passiert«).

Gut ankommen wird sicherlich auch das laute Zitieren kulturellen Wissens wie zum Beispiel: *»E Glas ohne Dubbe is wie en Fisch ohne Schuppe.«*

Und wer den absoluten *Homeboy* raushängen will, kann mit lauter Stimme rufen: *»Schoppegewitter!«* und dabei sein Glas mit allen anderen laut zusammenstoßen lassen.

Falls dann auf einmal verwunderte Blicke und ungläubiges Staunen am Tisch vorherrschen sollte, könnte man verraten, dass dieses absolute Insiderwort aus einem netten kleinen Büchlein mit dem Titel »Gebrauchsanweisung für die Pfalz« stammt.

Beim Essen und Genießen

Zu Beginn eines Mahls wünscht man sich *»en Gude!«*, was sich bei der klassischen pfälzischen Küche mit voll beladenen Fleischbergtellern sowohl auf den Appetit als auch das hoffentlich einwandfreie Funktionieren des Verdauungsapparates bezieht.

Wer's dezent und charmant will, sagt: *»Loss der's schmecke!«*

War das Essen gut und ist ein lobendes Fazit gefragt, wird der Einheimische gern überschwänglich. Auch bei anderen nicht essbaren Sachen, die Gefallen finden, bricht sich das südländische Naturell unaufhaltsam Bahn, dann flippt der Pfälzer richtig aus und sagt: »*Net schlescht.*«

Auch bei einem guten Wein spart der Pfälzer nicht mit Worten, und selbst ein prämiertes Großes Gewächs kann sich nicht gegen die Euphorie des einheimischen Genießers wehren, wenn er sagt: »*Konn ma trinke.*« (Kann man trinken.)

Und als Anerkennung für einen guten Winzer oder Koch heißt es auch:

»*Jo, wer's long hot, losst's long bamble.*« (Im Sinne von »Wer's gut kann, der kann das auch zeigen!« oder: »Wer's richtig gut draufhat, der sollte damit nicht hinter dem Berg halten«.)

Nachfragen

Grundsätzlich gilt: Leisten Sie keinen inneren Widerstand, machen Sie sich frei, und lassen Sie sich beschallen durch diesen urwüchsigen, feuchtsprachigen Dialekt! Er ist nicht so schlimm, wie er in manchen Ohren klingen mag. Und auch nicht so unverständlich, wie manche Sturköpfe vielleicht denken mögen. Hören Sie zu, und versuchen Sie Bekanntes oder Exotisches zu entdecken. Und falls Sie einmal oder wieder einmal etwas nicht verstanden haben, dann resignieren Sie nicht! Zeigen Sie sich lernwillig! Fragen Sie nach! Aber nicht einfach nur mit: »Wie bitte?« Formulieren Sie es eleganter, und sagen Sie: »*Hä?*« In der Pfalz gilt dies nicht als unhöflich. Oder fragen Sie noch mutiger nach mit: »*Wie määnsch'n des?*«, machen sich dann aber gefasst auf einen mindestens halbstündigen Monolog, wie und was der Sprecher gemeint haben könnte.

Falls man spürt, dass die Einheimischen sich leicht belustigt zeigen, weil man gewisse Sachen nicht kennt oder weiß, dann kann man sich gut wehren, indem man mit tiefem Anlaut und hartem Akzent auf dem [u] das Wort »*uffbasse!*« ausstößt. Diese in den letzten Jahren geradewegs zu einem neuen Modewort aufgestiegene Warnung passt in allen Lebenslagen und kann mit basslastiger Intonation auch von hochdeutsch sozialisierten Sprechern leicht artikuliert werden, ohne gekünstelt zu wirken. Alternativ kann gerne auch das mehr historische »*Owwacht!*« (Obacht) verwendet werden. So oder so wird die pfälzische Reaktion darauf ein anerkennendes Lachen sein, verbunden mit Respekt für die Integrationswilligkeit des Besuchers.

Schöne Wörter ...

... zum Merken, Aufschreiben und Mit-nach-Hause-Nehmen:

Neischlubbschlabbe (Pantoffel), *olwer* (ungeschickt), *Olwerdolwer* (Tölpel), *olwerer Olwerdolwer* (Superlativ des Tölpels), *Wescher* (großer Kerl): »*Was en Wescher! Der hot en riese Wersching. Un wenn'd net uffbascht, dut er dir enni wesche.*« (»So ein großer Kerl! Der hat einen riesigen Kopf. Und wenn Du nicht aufpasst, schlägt er dich.«)

Herzkersch (Kosenamen für eine Frau), »*Des do!*« (die meistverkaufte Brotsorte in der Pfalz), »*Nää, des newedro!*« (am zweitbesten verkaufte Brotsorte in der Pfalz).

Ortsangaben

Fragen Sie einen Pfälzer nur nach dem Weg, wenn Sie wirklich nicht weiterwissen, alle anderen Möglichkeiten wie Notrufe, Radarsignale oder *WhatsApp*-Statusmeldungen erschöpft sind und Ihr Navi implodiert ist. Die »Auskunft« des Eingeborenen wird in den meisten Fällen ein längerer, unverständlicher Vortrag mit ungewissem Ausgang und frei interpretierbaren Richtungsangaben sein. Im Folgenden sind die gängigsten Ortsangaben aufgelistet, damit man wenigstens theoretisch weiß, wohin es gehen könnte, wenn es denn so gemeint wäre: *do* (da), *do hiwwe* (dort), *do driwwe* (da drüben), *newens* (daneben), *hunne* (unten), *unne* (unten), *drunne* (drunten), *howwe* (oben), *owwe* (oben), *drowwe* (droben).

Wann, wer, wie welches Wort gebraucht, lernen wir bei der nächsten Lektion für Fortgeschrittene. Bis dahin: Viel Spaß in der Pfalz!

Alla donn …
härzzlisch, Euern

Quellenverzeichnis

Bergner, Anna: *Pfälzer Kochbuch*, Reprint-Ausgabe von 1858, Neustadt an der Weinstraße, 1977.

Braun, Emmy: *Neues pfälzisches Kochbuch für bürgerliche und feine Küche,* Grünstadt, um 1900.

Dostal, Michael (Hg.): *Pfälzer Saumagen. Geschichten rund um eine pfälzische Spezialität,* Ludwigshafen, 2010.

Habekost, Britta und Christian: *Elwenfels,* Ludwigshafen, 2016.

Kiesel, Helmuth (Hg.): *Briefe der Liselotte von der Pfalz*, Frankfurt, 1981.

Kohl, Helmut: *Die politische Entwicklung in der Pfalz und das Wiedererstehen der Parteien nach 1945* (Dissertation), Heidelberg, 1958.

List, Carl Benjamin: *Geschichte der evangelisch-lutherischen Gemeinde zu Mannheim,* Mannheim, 1767.

Ludwig, Karl: *Wahrhafftige und gewisse Privilegien Der Stadt Mannheim in der Pfalz gelegen,* Heidelberg, 1652.

Münch, Paul: *Die Pälzisch Weltgeschicht,* Neckarsteinach, 2004.

Schega, Christian; Wagener, Benjamin: *Hiwwe wie driwwe – Pfälzisch in Amerika* (DVD), mindjazz pictures, 2019.

Wendel, Simone (Regie): *Kings of Kallstadt – Mein Dorf, Ketchup & der König von New York* (DVD), Barnsteiner / Lighthouse Home Entertainment, 2015.

Bereits erschienen:
Gebrauchsanweisung für ...

01/0001/28/R

01/0002/28/L

01/0003/28/R

den Vatikan
von Rainer Stephan

Venedig mit Palladio und
den Brenta-Villen
von Dorette Deutsch

Vietnam, Laos
und Kambodscha
von Benjamin Prüfer

die Welt
von Andreas Altmann

Wien
von Monika Czernin

Zürich
von Milena Moser

und außerdem ...

fürs Camping
von Björn Staschen

fürs Daheimbleiben
von Harriet Köhler

fürs Fahrradfahren
von Sebastian Herrmann

fürs Gärtnern
von Gabriella Pape

für das Internet
von Dirk von Gehlen

für das Jenseits
von Bruno Jonas

für Kreuzfahrten
von Thomas Blubacher

fürs Laufen
von Jochen Schmidt

für das Leben
von Andreas Altmann

fürs Lesen
von Felicitas von Lovenberg

fürs Museum
von Konrad O. Bernheimer

für Pferde
von Juli Zeh

fürs Reisen
von Ilija Trojanow

fürs Reisen mit Kindern
von Jana Steingässer

fürs Scheitern
von Heinrich Steinfest

fürs Schwimmen
von John von Düffel

fürs Segeln
von Marc Bielefeld

für Tennis
von Jürgen Schmieder

für den Wald
von Peter Wohlleben

für Weihnachten
von Constanze Kleis

Notizbuch für
Weltenbummler

01/0004/28/L